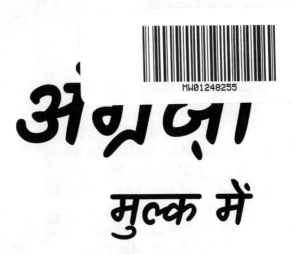

अंग्रेज़ी

मुल्क में

संदीप नैयर

सन्मति

Title: Angreji Mulk Men
ISBN: 9789390539550
Author: **Sandeep Nayyar**
© **Sandeep Nayyar**

प्रकाशक
सन्मति पब्लिशर्स
बी-347, संजय विहार,
मेरठ रोड, हापुड़-245101 (उ0प्र0)
Website: www.sanmatiindia.com
Email: sanmati555@gmail.com
प्रथम संस्करण: मई 2022
मूल्य : ₹ 150
Printed, processed and marketed by:
Tingle Books, Hapur

यह किताब लेखक की ब्रिटेन प्रवास के दौरान अनुभव किये गए स्थानों, घटनाओं, परिस्थिति और उनसे उपजे ज्ञान और अनुभव की अदायगी है।

अनुक्रमणिका

पहला दिन और देसी खाना खाना

5 अगस्त 1998, आज से लगभग चौबीस साल पहले यूनाइटेड किंगडम या ग्रेट ब्रिटेन की भूमि पर मैंने पहली बार कदम रखा था। यूनाइटेड किंगडम यानी कि यूके और ग्रेट ब्रिटेन के बीच थोड़ा सा फ़र्क है। यूनाइटेड किंगडम एक स्वायत्त राष्ट्र है जिसमें चार देश शामिल हैं; इंग्लैंड, वेल्स, स्कॉटलैंड और उत्तरी आयरलैंड। ग्रेट ब्रिटेन या आमतौर पर जिसे सिर्फ ब्रिटेन कहा जाता है, वह तीन देशों, इंग्लैंड, वेल्स और स्कॉटलैंड से मिलकर बना द्वीप है। मोटे तौर पर यह समझ लें कि यूनाइटेड किंगडम और ग्रेट ब्रिटेन में मूल अंतर यह है कि ग्रेट ब्रिटेन में उत्तरी आयरलैंड शामिल नहीं है। मात्र एक देश इंग्लैंड के राज्य से लेकर चार देशों के यूनाइटेड किंगडम बनने तक का अपना लम्बा और पेचीदा इतिहास है जिस पर हम आगे चर्चा करेंगे, मगर फिलहाल इस भूमि को मैं ब्रिटेन और यहाँ के निवासियों को ब्रिटिश ही कहूँगा, या कहीं-कहीं अंग्रेज़ भी, जो भारत में अधिक प्रचलन में है।

मैं ब्रिटेन की एक इनफार्मेशन टेक्नोलॉजी यानी कि आईटी कम्पनी के लिये दिल्ली में काम किया करता था। वह भारत में आईटी या कंप्यूटर क्रांति का दौर था। वर्ष 1985 में तत्कालीन भारतीय प्रधानमन्त्री राजीव गाँधी ने जिस कंप्यूटर क्रांति का बीज बोया था वह एक विशाल वृक्ष का रूप लेकर मुझ जैसे शिक्षित युवाओं को अच्छी जॉब, आर्थिक सफलता और विदेश यात्राओं के फल देने लगा था। उन दिनों न सिर्फ भारत में आईटी का तेज़ी से विकास और प्रसार हो रहा था बल्कि भारतीय आईटी कंपनियाँ और भारतीय आईटी विशेषज्ञ विश्व के लगभग सभी विकसित देशों

को अपनी सेवाएँ दे रहे थे। आईटी में कुछ वर्ष काम करने के बाद मुझे भी आईटी विशेषज्ञ के रूप में जाना जाने लगा था और मेरी कंपनी को मेरी सेवाओं की लंदन में ज़रूरत आ पड़ी थी। सेवा मूलरूप से उस Y2K (वर्ष 2000 की समस्या) को हल करने की थी जो पूर्व के आईटी विशेषज्ञों ने पैदा की थी। आईटी जगत में एक रोचक कथन प्रचलन में है- "द रूट कॉज़ ऑफ़ आईटी प्रॉब्लम्स आर आईटी सोल्यूशन्स (आईटी समस्याओं का मूल कारण आईटी समाधान हैं।)

ब्रिटेन की यात्रा को लेकर मैं अत्यधिक उत्साहित था। मन में यह जानने की उमंग थी कि भारत पर शासन कर चुके और भारतीयों को शोषित और दमित कर चुके ब्रिटेन और इक्कीसवीं सदी में पहुँचते ब्रिटेन में कितना अंतर् था। इतिहास का अध्ययन यह बताता था कि कभी सोने की चिड़िया कहे जाने वाले भारत का ब्रिटिश हुकूमत ने इतना शोषण किया था कि ब्रिटिश शासन के दौरान ब्रिटेन में भारत 'ज्वेल इन द क्राउन (राजमुकुट का जवाहर)' माना जाता था। यह ज्ञान भी था कि ब्रिटिश हुकूमत द्वारा आर्थिक और सामाजिक रूप से शोषित भारत की स्वतंत्रता की जितनी माँग भारत में उठी थी उतनी ही ब्रिटेन के प्रगतिशील और उदार वर्ग द्वारा भी उठी थी। मुझमें यह जानने की भी गहन उत्सुकता थी कि इक्कीसवीं सदी के मुहाने पर पहुँच चुका ब्रिटेन का वह प्रगतिशील और उदार वर्ग कैसा था।

दिल्ली के इंदिरा गांधी अन्तर्राष्ट्रीय हवाई अड्डे से एयर फ्रांस की फ्लाइट में बैठकर मैंने ब्रिटेन की यात्रा आरम्भ की। वह मेरा अन्तराष्ट्रीय यात्रा का पहला अनुभव था तो उत्सुकता और व्यग्रता अपने चरम पर थीं। फ्लाइट आरामदेह थी और

परिचारिकाएँ आकर्षक। किंतु लंच में मिला कॉन्टिनेंटल भोजन बेज़ायकेदार था। तब तक मुझे कॉन्टिनेंटल भोजन का कोई अनुभव भी नहीं था और आज चौबीस वर्षों के अनुभव के बाद भी मुझे अधिकांश कॉन्टिनेंटल व्यंजन अस्वादिष्ट ही लगते हैं।

फ्लाइट समय पर लंदन पहुँच चुकी थी। शाम हो चली थी। लंच में मिले बेज़ायकेदार खाने से मुँह का स्वाद बिगड़ा हुआ था और मूड भी कुछ खराब था। आदत के अनुसार एक जोड़ी बनारसी पान की तलब हो रही थी। लंदन के हीथ्रो हवाई अड्डे पर उतरते ही सबसे पहले मेरा ध्यान आकर्षित किया कम और तंग कपड़ों में बेतकल्लुफ़ी से सौन्दर्य परोसती युवतियों ने। जितना सौन्दर्य उनके अंगों से छलक रहा था उतना ही उनकी गालों तक खिंची मोहक मुस्कानों से भी। सब की सब लगता था किसी प्रोफेशनल इन्स्टिट्यूट से मुस्कुराने की ट्रेनिंग लेकर आई थीं। भारतीय युवतियाँ अपरिचित युवकों की ओर देखकर मुस्कुराने से अक्सर परहेज़ करती हैं कि कहीं कोई किसी गलतफहमी का शिकार ना हो जाए। अंग्रेज़ी बालाएँ इस मामले में बेहद उदार होती हैं। गलतफहमियों की परवाह भी शायद उन्हें कम ही रहती है। उनकी उदार मुस्कानों से मेरा मिज़ाज कुछ ठीक हुआ। बनारसी बीड़े की तलब भी जाती रही।

हवाई अड्डे से बाहर निकलते ही मेरा स्वागत किया सूट-बूट और टाई में सजे एक गोरे व्यक्ति ने, जो मेरे नाम की तख्ती लिये खड़ा था। उसके रंग-ढंग से मैंने अनुमान लगाया कि वह हमारी कम्पनी का कोई एग्ज़िक्युटिव होगा। मेरे सामान की ट्रॉली लिये वह टैक्सी स्टैंड की ओर बढ़ा और वहाँ खड़ी काले रंग की एक चमचमाती ई-क्लास मर्सेडीज़ का बूट खोल कर उसमें मेरा

सामान रखा। टैक्सी के दाईं ओर का पिछला दरवाज़ा खोल कर उसने बड़े आदर से मुझे अंदर बैठने का आग्रह किया। तब जाकर मुझे समझ आया कि वह एक टैक्सी ड्राइवर था जिसे हमारी कम्पनी ने मुझे लेने भेजा था। मैंने उससे कहा कि मैं सामने की ओर पैसेंजर सीट पर बैठना पसंद करूंगा। वैसे ई-क्लास मर्सेडीस में बैठने का असली मज़ा तो तब है जब आप ड्राइवर सीट पर हों। खैर ड्राइवर सीट न सही उसके बगल वाली ही सही। मारुति 800 के आदी व्यक्ति का ई-क्लास मर्सेडीस में पहली बार बैठने पर शायद वही हाल होता है जो दुर्योधन का पांडवों के इन्द्रप्रस्थ के महल में जाकर हुआ था। सौभाग्य से वहाँ मेरा मज़ाक उड़ाने के लिये कोई द्रौपदी मौजूद नहीं थी।

मुझे लिये टैक्सी सेंट्रल लंदन के हौलबोर्न इलाके की ओर बढ़ चली जहाँ मेरे रहने का इंतज़ाम किया गया था। लंदन के बारे में मेरी कल्पना थी नमी में लिपटा साँवला आकाश और उससे ढकी गगनचुंबी इमारतें। मेरी कल्पना के विपरीत आकाश साफ़ और उजला था और गगनचुंबी इमारतें नदारत थीं। लंदन का ट्रैफिक सुव्यवस्थित था। सुव्यवस्थित चीज़ों के बारे में कुछ अधिक कहने को नहीं होता। सब कुछ बस एक सा, एक ही रफ़्तार से चलता रहता है, मानो कहीं कोई एक्साइटमेंट ही न हो। लंदन के ट्रैफिक का भी वही हाल था। सड़कों के किनारे बने मकान भी लगभग एक से थे और दुकानें भी लगभग एक सी। वही कतार में लगीं एक दूसरे से लगभग सटी दो मंज़िला इमारतें, वही किनारों की ओर ढलकी लाल खप्परों या टाइलों से ढकी छतें, वही छतों से सिर उठाती लाल ईंटों से बनी छोटी-छोटी चिमनियाँ। पहली नज़र में लंदन शहर ने मुझे बेहद निराश किया। मगर जैसे-जैसे हम सेंट्रल लंदन की ओर बढ़ने लगे शहर का स्वरूप कुछ-कुछ बदलने लगा।

विक्टोरियन शैली से लेकर जॉर्जियन, ट्यूडर, गॉथिक, नॉर्मन और एँग्लोसेक्सन होते हुए, रोमन शैली तक के आर्किटेक्चर का सुन्दर मिश्रण दिखाई देने लगा, और साथ ही दिखाई देने लगीं आधुनिक शैली में बनी कुछ गगनचुम्बी इमारतें भी। ऐसा लगा जैसे मेरी निराशा से आहत लंदन पूरे सामर्थ्य के साथ अपने सौन्दर्य को अनावृत करने पर उतारू था।

थोड़ी देर ही में हम हॉलबोर्न इलाके के उस सर्विस अपार्टमेंट होटल में पहुँच गए जहाँ मेरे रहने का प्रबंध किया गया था। चार मंजिला सर्विस अपार्टमेंट होटल ठीक हॉलबोर्न मेट्रो स्टेशन के सामने था। सर्विस अपार्टमेंट के रिसेप्शन पर जिस व्यक्ति ने मेरा स्वागत किया उसका नाम मोहम्मद था। मोहम्मद बांग्लादेशी मूल का लगभग तीस वर्षीय युवक था। बांग्लादेशी मूल का होने के बावजूद वह अच्छी हिंदी बोल लेता था।

"इंडिया से आए हो?" मुझे देखते ही मोहम्मद ने प्रश्न किया।

"हाँ।" मेरा संक्षिप्त सा उत्तर था। मैं थका हुआ था और जल्दी ही अपार्टमेंट में जाकर आराम करना चाहता था।

"मेरा नाम मोहम्मद है। मैं बांग्लादेश से हूँ।" मोहम्मद ने अपना परिचय दिया।

"आईटी के काम से आए हो?" मोहम्मद का अगला प्रश्न था।

"हाँ।" मेरा उत्तर फिर संक्षिप्त सा ही था।

"यहाँ आईटी का बहुत काम है। मैं भी दिन में आईटी का काम करता हूँ और शाम को यहाँ रिसेप्शन में पार्ट टाइम। अपने इंडिया से बहुत लोग आते हैं यहाँ आईटी के काम के लिए।"

मोहम्मद ने बांग्लादेशी होते हुए भी जिस तरह इंडिया को 'अपना' कहा वह मुझे अच्छा लगा। कुछ समय ब्रिटेन में रहने के बाद मुझे पता चला कि यहाँ भारतीय उपमहाद्वीप यानी कि भारत, पाकिस्तान, बांग्लादेश, श्रीलंका आदि से आए प्रवासी एक दूसरे को 'अपने लोग' ही कहते हैं और इस तरह एक दूसरे के प्रति अपनत्व प्रकट करते हैं। इसका यह अर्थ कदापि नहीं है कि उन सबमें मात्र अपनत्व की ही भावना होती है। अपनत्व के साथ-साथ ही उनके पर्याप्त मतभेद और द्वेष भी होते हैं जिनके मूल में भारतीय उपमहाद्वीप के वासियों के राजनीतिक, धार्मिक और भागौलिक विवाद ही होते हैं। वो चाहे खालिस्तानी हों, तमिल टाइगर हों या कश्मीरी अलगाववादी हों, वो चाहे मुस्लिम, हिन्दू या सिख चरमपंथी संगठन हों, सभी के आधार ब्रिटेन में मौजूद हैं। परन्तु बावजूद इन सबके, साँझे पहनावे, खानपान और बोलचाल की संस्कृति भारतीय उपमहाद्वीप के प्रवासियों को ब्रिटेन में काफ़ी हद तक एक दूसरे से बाँधे ही रखती है।

"आप लोग खुशकिस्मत हैं कि आपकी कंपनी ने आपके रहने का इंतज़ाम यहाँ सेंट्रल लंदन में इतने शानदार सर्विस अपार्टमेंट में किया है, वरना यहाँ आईटी के काम से आने वाले ज़्यादातर अपने लोग साउथ हॉल, हाउंस्लो वगैरह में किराए के सस्ते मकानों में ही रहते हैं।" मोहम्मद ने मुझे अपार्टमेंट की चाबी थमाते हुए कहा।

साउथ हॉल और हाउंस्लो लंदन के वो सीमांत इलाके हैं जहाँ भारतीय प्रवासी बहुतायत में रहते हैं। साउथ हॉल में मूलतः पंजाबी और हाउंस्लो में गुजराती। विदेश आकर भी हम भारतीय अपने अलग-अलग इलाके बसा लेते हैं। अपने अलग-अलग मंदिर,

मस्जिद और गुरुद्वारे बना लेते हैं। हर वर्ग, मत और सम्प्रदाय के अलग-अलग धार्मिक स्थल बना लेते हैं। अपनी प्रादेशिक, भाषीय और धार्मिक पहचान हम विदेशों में भी कायम रखते हैं। जिनती भारत में रखते हैं उससे कहीं अधिक ही।

मोहम्मद से ही मुझे पता चला कि उस सर्विस अपार्टमेंट होटल में हमारी कंपनी के कई अन्य कर्मचारी भी दिल्ली से आकर ठहरे हुए थे। मुझे ख़ुशी हुई कि सेंट्रल लंदन में भी मुझे अकेलेपन का अहसास न होगा। मुझे अपने लोगों का साथ रहेगा।

उसी शाम उस सर्विस अपार्टमेंट होटल में हमारी कंपनी के दिल्ली से आकर ठहरे अन्य लोगों से न सिर्फ मुलाक़ात हो गई बल्कि अच्छी जान-पहचान भी हो गई। अपनों का साथ पाकर मैं प्रसन्न था। विचित्र विडंबना ही थी कि बेहद उत्सुकता से अपना देश छोड़कर विदेश आने के बाद भी मेरी उत्सुकता विदेशियों से मिलने से कहीं अधिक भारतीयों से मिलने में थी। रात के खाने का समय होते ही हम सबने निर्णय किया कि उस रात हम पश्चिमी खाना न खाकर हिंदुस्तानी खाना ही खायेंगे। एयरफ्रांस की फ्लाइट में मिले बेज़ायकेदार खाने से जिस तरह मुँह का स्वाद बिगड़ा था, मैं कोई रिस्क भी नहीं लेना चाहता था। सभी साथी मिलकर किसी अच्छे इंडियन करी रेस्टोरेंट की तलाश में निकल पड़े।

लंदन में इंडियन रेस्टोरेंट ढूँढना मुश्किल नहीं है। तकरीबन हर दूसरी या तीसरी सड़क पर एक हिंदुस्तानी रेस्टोरेंट मिल ही जाता है। ऐसा माना जाता है कि लंदन में दिल्ली या मुंबई से कहीं अधिक इंडियन रेस्टोरेंट हैं। पता नहीं कि यह कितना सत्य है। ब्रिटेन में ऐसी बहुत सी बातें मानी जाती हैं जो सत्य से कोसों दूर होती हैं। खैर, थोड़ी दूर चल कर ग्रेट क्वीन स्ट्रीट पहुँचते ही हमारी

नज़र 'भट्टी इंडियन क्विज़ीन' पर पड़ी। भट्टी नाम ने ही घर की पंजाबी रसोई की याद ताज़ा कर दी। भूख ज़ोरों से लगी थी और पंजाबी रसोई का ख़याल आते ही मुँह में पानी भी अच्छा-खासा भर आया। हम लपक कर रेस्टोरेंट के भीतर घुसे।

रेस्टोरेंट के मालिक, भट्टी साहब लगभग पचास वर्ष के काफी सज्जन से दिखने वाले सिख पुरुष थे। उन्होंने पंजाबी आत्मीयता से हमारा स्वागत किया। जब हमने उन्हें यह बताया कि हम हाल-फिलहाल में ही भारत से आए हुए हैं तो उनकी आत्मीयता और भी बढ़ गई। हमारी बात-चीत भी औपचारिक से अनौपचारिक हो गई और एक छोटा सा मज़ाक भी उन्होंने मेरी इकहरी काया पर कर डाला। बात-चीत के दौरान जब हमने उन्हें यह बताया कि हम किसी आईटी प्रॉजेक्ट पर लंदन आए हुए हैं और कुछ महीने यहाँ ठहरने वाले हैं तो उन्होंने तुरंत ही एक अधिकारपूर्ण सलाह दे डाली, "लंदन बहुत महंगा शहर है। आज तो ठीक है मगर कल से खुद ही खाना बनाने का इंतज़ाम कर लो। इस तरह होटलों में खाकर अपने पैसे बर्बाद मत करो।" (वैसे ब्रिटेन में रेस्टोरेंट को होटल नहीं कहा जाता। रेस्टोरेंट को होटल कहने की परंपरा शायद भारतीय उपमहाद्वीप में ही है)। भट्टी साहब की इस सलाह पर मुझे बड़ा आश्चर्य हुआ। 'शोले' फिल्म का वह डायलॉग याद आ गया कि 'घोड़ा घास से दोस्ती करेगा तो खायेगा क्या?' मगर कुछ समय ब्रिटेन में रहने के बाद यह मालूम हुआ कि भट्टी साहब कोई अपवाद नहीं थे। ग्राहकों को उचित सलाह देना ब्रिटिश व्यापारिक मूल्यों का एक अंग है। यह अलग बात है कि भट्टी साहब की सलाह में भारतीय आत्मीयता और अधिकार भी मिले हुए थे।

"शनिवार को मेरे साथ साउथ हॉल चलना। आटा, दाल, चकला, बेलन, तवा, प्रेशर कुकर, सब कुछ वहाँ मिल जाएगा।" भट्टी साहब ने हमसे कहा। मगर हमें तो ज़ोरों से भूख लगी थी और रेस्टोरेंट के भीतर का खुशनुमा माहौल हमारी भूख में बेहिसाब इज़ाफ़ा कर रहा था। एक ओर भारतीय व्यंजनों की सुगंध हवा में बिखरी हुई थी और दूसरी ओर वाइन या ठंडी बियर के गिलास थामे एक दूसरे की आँखों में आँखें डाले बैठे कई प्रेमी-युगल माहौल को थोड़ा सा रूमानी भी बना रहे थे। उसी वक्त मैंने गौर किया कि बैकग्राउंड में जगजीत सिंह की गाई यह ग़ज़ल भी बज रही थी, 'झूम के जब रिंदों ने पिला दी, शेख़ ने चुपके-चुपके दुआ दी'। लम्बे सफर की थकान उतारने के लिये जैसा वातावरण सोच रखा था, वैसा ही मौजूद था, 'जैसा था ख्वाब वैसी थी ताबीर हू-ब-हू'।

हम आठ मित्र एक बड़े से टेबल को घेरकर बैठ गए। वेटर ने लाकर सामने मेनूकार्ड रखे और मैं झटपट एक मेनूकार्ड उठाकर उसमें अपनी पसंदीदा डिशें ढूँढने लगा। मगर उसमें लिखी कई डिशों के नामों ने मुझे उलझन में डाल दिया। बाल्टी, जालफ्रेज़ी, विंडलू, फ़ाल, धनसक जैसे व्यंजनों के नाम मैंने पंजाब तो क्या उत्तर या मध्य भारत में कहीं नहीं सुने थे। मैंने अंदाज़ लगाया कि वे शायद भारत के उन हिस्सों से होंगे जहाँ जाने का अवसर मुझे तब तक नहीं मिला था। मेनूकार्ड की डिशों में जो डिशें मुझे ठीक-ठाक लगीं उनमें एक थी, 'चिकन टिक्का मसाला'। अंदाज़ लगाना आसान था कि वह 'चिकन टिक्का' को तीखे मसालों में मिला कर बनाई गई कोई डिश होगी। मगर डिश जब सामने आई तो पता चला कि मसाला उसमें नाम भर का ही था। वह थोड़ी माइल्ड और क्रीमी डिश थी। खाने के दौरान वेटर से चर्चा करते हुए मुझे पता

चला कि 'चिकन टिक्का मसाला' दरअसल ब्रिटेन में ही ईज़ाद की गई डिश है जो ब्रिटेनवासियों के मध्य भारतीय व्यंजनों में सबसे लोकप्रिय थी। कुछ सालों बाद वर्ष 2001 में उसे ब्रिटेन की नेशनल डिश भी घोषित किया गया था।

खैर खाना लज़ीज़ था और ठंडी किंगफिशर बियर के साथ हमने उसका लुत्फ़ भी खूब लिया। साथ ही आसपास बैठे गोरे व्यक्तियों को भारतीय व्यंजनों को चटकारे मार कर खाते देख ब्रिटेन की 'करी कल्चर' में उत्सुकता भी काफी बढ़ी।

भारतीय भोजन का ब्रिटेन पर असर तभी होने लगा था जब अंग्रेज़ों ने भारत में पहला कदम रखा था। ठंडे और रूखे पश्चिमी यूरोप से आए अंग्रेज़ों को भारतीय संस्कृति की चमक बहुत भाई। फिर चाहे वे रंग-बिरंगे चटकीले कपड़े हों या मसालेदार चटखरे व्यंजन, सभी कुछ भारतीय उन्हें लुभाने लगा। प्रसिद्ध लेखक विलियम डारलिम्पल ने अपने उपन्यास 'वाइट मुग़ल' में बड़ी खूसूरती से वर्णन किया है कि, किस आतुरता से अठारहवीं शताब्दी और उन्नीसवीं शताब्दी के पूर्वार्ध में ईस्ट इंडिया कंपनी के इंग्लिश मुलाज़िम भारतीयता अपनाने लगे थे। वे न सिर्फ भारतीय पोशाकें पहनने लगे थे, भारतीय भोजन करने लगे थे बल्कि उस दौर में हर तीसरे अंग्रेज़ का विवाह भारतीय स्त्री से होने लगा था और उनमें से कई ईसाई धर्म को त्यागकर भारतीय धर्म यानी हिन्दू धर्म या इस्लाम अपनाने लगे थे। उनमें से कुछ तो इतने भारतीय हो गए कि वे अपने ही देश इंग्लैंड को विदेश या विलायत कहने लगे थे। यही विलायत बाद में जाकर विलायती और फिर ब्लाइटी हो कर ब्रिटेन और इंग्लैंड के लिये इस्तेमाल किया जाने वाला एक पॉपुलर स्लैंग बन गया। भारत से ब्रिटेन लौटने वाला ब्रिटिश

सिपाही कहता 'आई एम बैक टू ब्लाइटी' (मैं वापस ब्लाइटी या विदेश आ चुका हूँ)। आज भी जब कोई अंग्रेज़ विदेश होकर वापस ब्रिटेन लौटता है यही कहता है, 'बैक टू ब्लाइटी'।

खैर वापस अठारहवीं शताब्दी में चलें। ईस्ट इंडिया कम्पनी के अंग्रेज़ मुलाज़िम जब ब्रिटेन लौटते तो अपने साथ भारतीय रंगों की चमक और मसालों की महक लेकर लौटते। हालाँकि पश्चिमी देशों का एशियाई मसालों से परिचय कई सदियों पहले ही हो चुका था। कहते हैं कि एशिया के ढेरों मसाले तो यूरोप के वे ईसाई योद्धा ला चुके थे जो अरब और तुर्क मुसलमानों के खिलाफ क्रुसेड लड़ने गए थे। फिर भी ब्रिटेन में भारतीय खाने की लोकप्रियता उन्हीं अंग्रेज़ों ने बढ़ाई जो ईस्ट इंडिया कंपनी में काम करके ब्रिटेन लौटे थे। ईस्ट इंडिया कंपनी के ही दो कर्मचारियों के पुत्र थे, विलियम मेकपीस थॅकरे। विलियम कलकत्ता में पैदा हुए थे और भारतीय भोजन से उन्हें खास लगाव था। विलियम के प्रसिद्ध इंग्लिश उपन्यास 'वैनिटी फेयर' में हिन्दुस्तानी करी से जुड़ा एक मज़ेदार दृश्य है। उपन्यास की नायिका एमीलिया सॅड्ली के पिता मिस्टर सॅड्ली उपन्यास की खलनायिका रेबेका शार्प का किसी दावत में भारतीय करी से परिचय कराते हैं, "लीजिये मिस शार्प हिन्दुस्तानी करी चखकर देखिये।"

रेबेका ने उससे पहले कभी करी नहीं चखी थी।

"कैसी लगी? क्या यह उतनी ही लाजवाब है जितनी और सभी भारतीय चीज़ें होती हैं?" मिस्टर सॅड्ली ने हँसते हुए पूछा।

"ओह एक्सलेंट।" रेबेका ने मुश्किल से कहा। उसका मुँह करी के तेज़ मसालों से जल रहा था।

"इसके साथ थोड़ी चिली (मिर्च) ट्राइ करिये।" मिस्टर सॅड्ली ने चुटकी लेते हुए हुए कहा।

"चिली!! ऑफ कोर्स।" चिली नाम से रेबेका ने सोचा कि वह कोई चिल या ठंडा करने वाली चीज़ होगी, और लपकते हुए एक पूरी हरी मिर्च अपने मुँह में डाल ली। उसके बाद उनका जो हाल हुआ होगा उसका अंदाज़ आप आसानी से लगा सकते हैं।

उन्नीसवीं शताब्दी में ब्रिटेन में भारतीय भोजन की लोकप्रियता और भी बढ़ी और भारतीय व्यंजन महारानी विक्टोरिया की रसोई तक जा पहुँचे। महारानी ने अपने महल में कुछ खास रसोईए रखे जो उनके लिये रोज़ भारतीय व्यंजन बनाते, जिन्हें वे बड़े चाव से खातीं और अपने मेहमानों को भी खिलातीं। उन दिनों जिस दावत में हिंदुस्तानी करी न होती उसे अधूरा ही माना जाता। महारानी विक्टोरिया के भारतीय खाने से लगाव की बात हो और महारानी के मुंशी मोहम्मद अब्दुल करीम का ज़िक्र न हो तो बात अधूरी ही मानी जाएगी। अब्दुल करीम महारानी विक्टोरिया का ख़ास मुलाज़िम था। अब्दुल पर महारानी की विशेष कृपा थी और अब्दुल के महारानी से सम्बंध इतने ख़ास थे कि उस रिश्ते को कोई नाम दे पाना मुश्किल था। वह रिश्ता मालिक और खिदमतगार के रिश्ते से बहुत अलग था। कह लें कि वह एक रूहानी रिश्ता था, जिसमें माँ का वात्सल्य भी था, प्रेमी का अनुराग भी और मित्र का विश्वास भी। महारानी विक्टोरिया के राजतिलक की स्वर्ण जयंती पर भारत से उनका निजी सेवक बनकर आए अब्दुल ने ब्रिटेन आते ही महारानी को अपने असाधारण रूप और व्यवहार से प्रभावित करना आरम्भ कर दिया था। पति की मृत्यु के बाद एकाकीपन की शिकार और अपने ख़ुशामदी दरबारियों की चापलूसी से त्रस्त

महारानी विक्टोरिया अब्दुल के सरल और निष्कपट व्यवहार पर मोहित हो उठीं। कहते हैं कि महारानी और अब्दुल के ख़ास रिश्ते की बुनियाद डालने में भी भारतीय भोजन की विशेष भूमिका थी। अब्दुल ने ब्रिटेन आने के कुछ दिनों बाद ही महारानी के भोजन के लिए चिकन करी, दाल और पुलाव पकाए जो महारानी को इतने पसंद आए कि उन्होंने भारतीय व्यंजनों को अपने नियमित भोजन में शामिल कर लिया। भारतीय भोजन से प्रभावित महारानी की अन्य भारतीय चीज़ों में भी रुचि बढ़ी और उन्हें जानने के लिए वे अब्दुल के करीब आती गईं। महारानी ने अब्दुल से भारत और भारतीयता के उन पहलुओं को जाना जो उन्हें मिलने वाली अधिकृत जानकारियों से गायब होते। अब्दुल के प्रभाव में महारानी का भारत और भारतीयता के प्रति लगाव बढ़ता गया और वे भारतीय संस्कृति और भारतीय कला की प्रशंसक होती गईं। महारानी ने अब्दुल से उर्दू सीखनी आरम्भ की और राजपरिवार और महल के अन्य कर्मचारियों की नज़रों में रानी के मात्र साधारण मुलाज़िम अब्दुल को उन्होंने मुंशी यानी कि शिक्षक का ख़िताब दे डाला। विक्टोरिया और अब्दुल के ख़ास रिश्ते से ब्रिटेन के राजपरिवार में तनाव बढ़ते गए। राजपरिवार के सदस्य जो भारतीय राजा-महाराजाओं के अलावा किसी भी भारतीय से मिलना-जुलना अपनी राजसी शान के खिलाफ़ समझते थे, महारानी की अब्दुल पर विशेष कृपा और उसे राजपरिवार के सदस्य की तरह सम्मान देने से खासे नाखुश थे। राजपरिवार के सदस्यों ने रानी और अब्दुल के बीच दूरियाँ बढ़ाने के कई प्रयास किए मगर रानी का अब्दुल पर प्रेम, विश्वास और वात्सल्य उनके अंतिम क्षणों तक बना रहा।

महारानी विक्टोरिया का एक साधारण से भारतीय सेवक से अत्यधिक लगाव राजसी और नस्लीय श्रेष्ठता और दम्भ के

शिकार ब्रिटेन के राजपरिवार को इस कदर नागवार था कि रानी की मृत्यु के बाद उन्होंने रानी और अब्दुल के सम्बंध के हर प्रमाण को मिटाना आरम्भ कर दिया। अब्दुल को महारानी द्वारा दिए गए घर से निकालकर भारत भेज दिया गया। महारानी और अब्दुल ने एक दूसरे जो पत्र लिखे थे वे जला दिए गए। यहाँ तक कि सरकारी दस्तावेजों में से हर जगह से अब्दुल का नाम हटा दिया गया। विक्टोरिया और अब्दुल का सम्बंध लगभग सौ सालों तक इतिहास के पृष्ठों से गायब रहा। किंतु लगभग सौ वर्षों बाद एक भारतीय पत्रकार श्रबनी बसु को विक्टोरिया और अब्दुल के विशेष सम्बंध के कुछ सूत्र मिले और उन्होंने खोजबीन कर दोनों के सम्बंध पर एक पुस्तक लिखी 'विक्टोरिया एँड अब्दुल'। इसी पुस्तक पर आधारित और इसी नाम से एक चर्चित फिल्म भी बनी। फिल्म में महारानी विक्टोरिया की भूमिका प्रसिद्द हॉलीवुड अभिनेत्री जूडी डेंच और सरल और सुंदर अब्दुल की भूमिका लोकप्रिय भारतीय अभिनेता अली फज़ल ने निभाई है।

हालाँकि हिन्दुस्तानी करी ब्रिटेन में अठारहवीं शताब्दी से ही लोकप्रिय बनी रही लेकिन जिस तरह आज हम ब्रिटेन की गली-गली में इंडियन रेस्टोरेंट और हर ज़ुबान पर चिकन टिक्का या विंडलू जैसे नाम सुनते हैं, वह 1971 तक न हुआ था। 1971 के भारत-पाक युद्ध और बांग्लादेश बनने के दौरान एक बड़ी तादाद में बांग्लादेशी शरणार्थी ब्रिटेन आए। उनमें से अधिकांश लंदन के ईस्ट एँड इलाके में बसे और वहीं से उन्होंने छोटे-छोटे इंडियन रेस्टोरेंट खोलने का सिलसिला शुरू किया। आज भी ब्रिटेन के लगभग सत्तर प्रतिशत इंडियन रेस्टोरेंट बांग्लादेशियों के ही हैं।

इसके बाद तो भारतीय करी जैसे ब्रिटिश संस्कृति का एक अभिन्न अंग ही बन गई। इतना ही नहीं करी संस्कृति और करी उद्योग में ब्रिटेन ने अपनी खुद की अलग पहचान भी बना ली। मज़े की बात यह कि विश्व के कुछ हिस्सों में तो करी को भारतीय नहीं बल्कि ब्रिटिश व्यंजन समझा जाता है। विश्व के विभिन्न देशों में जो करी डिशें बड़े-बड़े होटलों के मेनूकार्ड में दिखाई देती हैं उनमें से कई डिशें तो ब्रिटेन में ईज़ाद की हुई हैं, जैसे कि बाल्टी, जालफ्रेजी, चिकन टिक्का मसाला और फाल। बाल्टी डिश ब्रिटिश पाकिस्तानियों द्वारा ईज़ाद की हुई है। यह कुछ-कुछ कड़ाही डिश जैसी होती है और तेज़ आँच पर बनाई जाती है। कहते हैं कि इसका नाम बाल्टी इसलिए पड़ा कि जिस बर्तन में यह परोसी जाती थी वह बकेट या बाल्टी जैसा दिखता था। एक अन्य मान्यता यह भी है कि इसका नाम उत्तरी पाकिस्तान के इलाके बाल्टिस्तान के नाम पर पड़ा है।

जालफ्रेज़ी बंगालियों की ईज़ाद की हुई डिश है। यह हरी मिर्च और पेपर यानी शिमला मिर्च मिलाकर बनाई जाने वाली तीखी डिश है। इसका नाम 'जालफ्रेज़ी' दो शब्दों से मिलकर बना है, बंगाली शब्द 'झाल' जिसका अर्थ होता है तीखा और उर्दू शब्द 'परहेज़'। यानी कि ऐसी तीखी डिश जिससे परहेज़ ही किया जाए तो बेहतर है। हालाँकि अब जालफ्रेज़ी ब्रिटेन की सबसे पॉपुलर डिश बन चुकी है। पिछले दो दशकों में जिस तरह अंग्रेज़ों की रुचि 'चिकन टिक्का मसाला' जैसी थोड़ी माइल्ड और क्रीमी डिश से जालफ्रेज़ी जैसी तीखी डिश की ओर बढ़ी है उससे पता चलता है कि अंगेज़ी जिव्हा को अब तीखे स्वाद की आदत हो चुकी है।

हालाँकि ऐसा नहीं है कि अंग्रेज़ों को तीखे व्यंजन पहले पसंद नहीं थे। विंडलू और फाल जैसी बेहद तीखी डिशें ब्रिटेन में काफी पॉपुलर रही हैं। विंडलू गोवा की डिश है जो सिरका, लाल मिर्च और लहसुन मिलाकर बनाई जाती है। यह डिश पुर्तगालियों द्वारा गोवा लाई गई थी। यह करी खासतौर पर उन युवा छात्रों के बीच बहुत लोकप्रिय है जो शाम को पबों में ठंडी-ठंडी बियर पीने के बाद कोई तीखा व्यंजन खाना पसंद करते हैं। कुछ समय पहले ब्रिटेन में किये गए एक सर्वे में पुरुषों से पूछा गया कि ठंडी बियर के बाद वे क्या अधिक पसंद करेंगे, 'ए हॉट वुमन' या 'ए हॉट करी'? अधिकांश का उत्तर था, 'ए हॉट करी'!!

खैर विंडलू की लोकप्रियता का अंदाज़ इस बात से लगाया जा सकता है कि फ्रांस में हुए 1998 के फुटबॉल वर्ल्डकप के लिये इंग्लैंड का वर्ल्डकप सौंग विंडलू पर आधारित था। प्रसिद्ध ब्रिटिश बैंड 'फैट लेस' द्वारा बनाया गया यह गीत इतना लोकप्रिय हुआ कि 1998 में यूके सिंगल्स चार्ट में यह दूसरी पायदान तक पहुँच गया। गीत के बोल कुछ इस तरह हैं-

"मी एँड मी मम एँड मी डैड एँड मी ग्रैन,

वी आर ऑफ टू वॉटरलू,

मी एँड मी मम एँड मी डैड एँड मी ग्रैन,

एँड ए बकेट ऑफ विंडलू

विंडलू, विंडलू, नाह, नाह, नाह...

विंडलू, विंडलू, वी ऑल लाइक विंडलू

वी आर इंग्लैंड एँड वी आर गोना स्कोर वन मोर दैन यू'

(मैं, मेरी माँ, मेरे पिता और दादा-दादी मेरे,

बढ़ रहे हैं हम वाटरलू की ओर,

मैं, मेरी माँ, मेरे पिता और दादा-दादी मेरे,

और एक डोलची विंडलू की,

विंडलू, विंडलू नाह, नाह, नाह...

विंडलू, विंडलू हम सबको पसंद है विंडलू

हम हैं इंग्लैंड और हम करेंगे तुमसे एक गोल ज्यादा।)

वॉटरलू वह जगह है जहाँ इंग्लैंड ने फ्राँसीसी योद्धा नेपोलियन के खिलाफ वॉटरलू की प्रसिद्ध ऐतिहासिक लड़ाई जीती थी। यानी इस गीत का थीम यह है कि विंडलू की बकेट लिये हम वॉटरलू की लड़ाई की तरह ही फ्रांस की ओर विजय यात्रा पर निकले हैं।

ब्रिटेन में एक और लोकप्रिय करी डिश है 'बॉम्बे डक'। नाम से लगता है कि बॉम्बे डक बतख के माँस से बना व्यंजन होगा किंतु बॉम्बे डक दरअसल एक फिश करी या मछली से बना व्यंजन है। बॉम्बे डक का नाम बॉम्बे डक क्यों पड़ा इसपर विभिन्न मत है। एक मत यह है कि ब्रिटिश राज में सूखी मछलियों के परिवहन के लिए बॉम्बे मेल या बॉम्बे डाक ट्रेन का इस्तेमाल होता था। उस ट्रेन के डिब्बों से उठने वाली सूखी मछली की गंध बॉम्बे डक व्यंजन में मिलती थी इसलिए व्यंजन का नाम 'बॉम्बे डाक' पड़ गया जो कालांतर में बिगड़कर 'बॉम्बे डक' बन गया।

'फाल' शायद विश्व की सबसे तीखी या हॉटेस्ट करी है, जिसकी ईज़ाद ब्रिटेन के बर्मिंघम शहर में हुई है। ब्रिटेन के कुछ रेस्टोरेंट तो इतनी हॉट फाल बनाते हैं कि यह शर्त रखी जाती है, जो भी फाल की पूरी प्लेट खत्म कर देगा उससे करी का पैसा नहीं लिया जाएगा। कुछ वर्ष पूर्व अमेरिका के मैनहेटेन इलाके में ब्रिटिश थीम पर बने एक रेस्टोरेंट ने विश्व की सबसे हॉट फाल करी बनाई।

यह करी आसाम की 'भूत नागा जोलोकिया' मिर्च से बनाई गई जिसका इस्तेमाल आँसू गैस बनाने में होता है। कहते हैं कि इस करी को बनाते समय शेफ ने गैसमास्क पहना हुआ था और इसे खाने वाले ग्राहक उल्टी करते हुए और चीखते हुए पाए गए। उनमें से दो को तो अम्बुलेंस में डालकर अस्पताल पहुँचाना पड़ा। यह करी आज भी 'ब्रिकलेन करी हाउस' नामक इस रेस्टोरेंट में उपलब्ध है। इस करी के साथ यह शर्त भी है कि जो भी करी की पूरी प्लेट खत्म करेगा उसे एक फ्री बियर दी जाएगी और उसका नाम रेस्टोरेंट के 'फाल ऑफ फेम' में दर्ज़ किया जाएगा। यदि आप एक भारतीय होने के नाते 'भूत जोलोकिया' जैसी मिर्च को चख सकने की सहनशक्ति रखते हैं तो मैनहेटेन जाएँ और 'फाल ऑफ फेम' में अपना नाम दर्ज़ कराएँ।

शराबखोरी और शिष्टाचार

अगला दिन काम पर जाने का दिन था। हमारा क्लाइंट था 'लंदन इलेक्ट्रिसिटी', बिजली उत्पादन और वितरण की कंपनी। लंदन इलेक्ट्रिसिटी के जिस दफ़्तर में मुझे काम करना था वह उस सर्विस अपार्टमेंट होटल के पास ही था जहाँ मैं ठहरा हुआ था। इतना पास कि चलकर पाँच मिनट में पहुँच जाएँ। मैंने स्वयं को खुशकिस्मत जाना कि हमारी कंपनी ने मेरे ठहरने की व्यवस्था क्लाइंट के दफ़्तर के पास ही की हुई थी। अन्यथा लंदन के बारे में कहा जाता है कि वहाँ काम पर जाने के लिए औसतन एक घंटे की यात्रा तो करनी ही होती है।

ब्रिटेन में अगस्त में गर्मियों का मौसम रहता है। उस दिन भी मौसम गर्म था। हालाँकि भारतीय गर्मियों की तुलना में वह शायद वसंत ऋतु का मौसम ही लगे, मगर कड़क सर्दी के आदी अंग्रेज़ों के लिये वह गर्मी ही थी। ब्रिटेन में उन दिनों गर्मियों का मौसम वैसे भी उतना गर्म नहीं हुआ करता था जितना आजकल होने लगा है। शायद यह ग्लोबल वार्मिंग का ही असर है कि आजकल कभी गर्मियों में लंदन दिल्ली से अधिक गर्म हो जाता है, तो कभी सर्दियों में दिल्ली लंदन से अधिक सर्द।

पहले दिन कोई विशेष काम नहीं था। मैं लंच करके बैठा ही था कि मेरे सामने वाली डेस्क से काले सूट में सजे स्मार्ट और लम्बे गोरे व्यक्ति ने अपनी टाई ढीली करते हुए आवाज़ लगाई, "एनी वन वांट्स आइस्क्रीम?"

मैंने झटपट अपना हाथ ऊपर कर दिया। गर्मी की दोपहर में लंच के बाद आइस्क्रीम से बेहतर और क्या हो सकता था। और वह भी जब आइसक्रीम मुफ़्त की मिल रही हो। भट्टी क्विज़ीन वाले भट्टी साहब की सलाह मानकर मैं किफ़ायत से रहने और सत्तर रुपयों का एक ब्रिटिश पौंड बचाने भी लग गया था।

"विच फ्लेवर?" उसने पूछा।

मुझे पता न था कि लंदन में किन-किन फ्लेवर की आइस्क्रीम मिला करती थीं। परंपरागत चॉकलेट या वनीला फ्लेवर मुझे कुछ खास पसंद नहीं हैं, सो मैंने कुछ सोचते हुए कहा, "मैंगो।"

वह व्यक्ति मेरी पसंद जानकार चला गया और बहुत देर तक न लौटा। गर्मी इतनी भी न थी कि आइसक्रीम के बिना न कटती मगर मैंगो फ्लेवर की आइसक्रीम की तलब में मेरा मुँह सूखा जा रहा था। लगभग आधे घंटे बाद वह व्यक्ति पसीने से भीगते हुए आया और मुस्कुराते हुए मेरे सामने मैंगो कुल्फ़ी का एक कुल्हड़ रखा।

"इतनी देर कहाँ लग गई?" मैंने बेतकल्लुफी से पूछा।

"कुछ ख़ास नहीं, बस पाँच दुकाने ढूँढनी पड़ीं पर मैंगो आइसक्रीम मिल गई।" उसने हँसते हुए कहा।

कुछ दिनों बाद पता चला कि वह व्यक्ति कोई साधारण कर्मचारी न होकर हमारे क्लाइंट यानी कि लंदन इलेक्ट्रिसिटी का आई टी डायरेक्टर था। अंग्रेज़ी शिष्टाचार से यह मेरा पहला परिचय था।

कुल्फी स्वादिष्ट थी। परन्तु ब्रिटेन में हर चीज़ का स्वाद मुझे भारत से अलग लगता था। दूध, दही, पनीर, मांस सबका स्वाद

अलग था। हर खाद्य पदार्थ में एक तरह की रिचनेस थी। हर खाद्य पदार्थ गरिष्ठ लगता था। कुछ समय ब्रिटेन में रहने के बाद मुझे पता चला कि यहाँ हर खाद्य पदार्थ का लो कैलोरी ज़ीरो फैट विकल्प भी उपलब्ध था। खैर मेरी काया तो इकहरी ही थी। मुझे फैट और कैलोरी से कैसा परहेज़? किंतु विकल्पों की उपलब्धता मुझे दुविधा में अवश्य डाले रखती। फिर मैंने तय कर लिया कि मुझे क्या-क्या खाना है। बाकी के विकल्पों पर मैं नज़र भी न डालता।

पहले दिन ही काम पर कई मित्र बन गए। ब्रिटेन में परंपरा है कि काम पर किसी का स्वागत करना हो या किसी को विदा करना हो, यानी कि फेयरवेल देना हो, दोनों ही कामों को रस्मी रूप से किसी न किसी पब में जाकर शराब पीकर अंजाम दिया जाता है। उन्हें वेलकम ड्रिंक और लीविंग ड्रिंक कहा जाता है। इनके लिए कभी-कभी एक पब कम पड़ जाता है और कई पबों का दौरा किया जाता है। यानी एक पब में एक या दो ड्रिंक पी और फिर लपककर अगले पब पहुँच गए। इस तरह तीन-चार पब के दौरे तो हो ही जाते हैं। इसे पब क्रॉल कहा जाता है, यानी एक पब से सरककर दूसरे, और फिर तीसरे और चौथे पब की यात्रा।

उस दिन शाम को मुझे भी वेलकम ड्रिंक पर ले जाया गया। एक पब में एक-एक बियर पी और फिर अगले पब का रुख किया। यानी कि पब क्रॉल शुरु हो गया। इस तरह चार-पाँच पब के दौरे हुए। मैंने गौर किया कि पहले-पहल तो सभी साथियों का व्यवहार बहुत सभ्य और संयमी रहा, मगर जैसे-जैसे उनके भीतर शराब उतरती गई और उन्हें नशा चढ़ता गया वे हुल्लड़बाज़ होते गए। पबों के भीतर और बाहर सड़कों पर भी उनके हल्ले बढ़ते गए। कभी वे कुछ विचित्र आवाज़ें निकालते तो कभी समवेत स्वर

में कोई गीत गाना आरम्भ कर देते। कुल मिलाकर कहा जाए तो नशा उनके सिर चढ़कर बोलने लगा था। दिन भर दफ़्तर में विनम्रता और शिष्टाचार से व्यवहार करते अंग्रेज़ों का यह हुल्लड़बाज़ रूप मेरे लिए आश्चर्यजनक ही था। मगर इससे इतना तो समझ आ ही गया था कि अंग्रेज़ों के व्यक्तित्व के दो बिल्कुल विपरीत रूप होते हैं, एक शराब पीने से पहले और दूसरा शराब पीने के बाद। चार-पाँच पबों में आठ-दस पाइंट बियर पीने के बाद मैं तो लगभग अपने होश खो बैठा था। पब क्रॉल के अंत में सभी साथी अपने अपने घर जाने लगे, किंतु मुझे तो यह भी होश न था कि मैं अपने अपार्टमेंट तक किस तरह पहुँचूंगा। मैंने अपने साथियों से कहा कि वे मुझे मेरे अपार्टमेंट तक पहुँचाकर ही अपने घर जाएँ। मगर शराब के कई दौर होने के बाद उनमें यह शिष्टाचार बाकी न रह गया था। समवेत स्वर में किसी और गीत को गाते हुए वे अपने अपने घर निकल गए। मैं किसी तरह भटकता हुआ अपने अपार्टमेंट तक पहुँचा।

अंग्रेज़ होते भी खूब पियक्कड़ हैं। अंग्रेज़ों के पियक्कड़पन के नमूने आपको लंदन पहुँचते ही मिल जाएँगे। लंदन की सड़कों पर घूमते हुए आपको किसी किनारे 'चेंज, चेंज' की आवाज़ लगाता कोई भिखारी बैठा मिल जाएगा। किसी गोरे भिखारी को एक पौंड का सिक्का भीख में देकर शायद आप दो सौ वर्षों के खोए हुए भारतीय अभिमान को पुनः अर्जित करने की कोशिश भी करेंगे। मगर आपके चेहरे का सारा अभिमान तब जाता रहेगा जब आप देखेंगे कि वह गोरा भिखारी उस सिक्के को लेकर पास की दुकान में जाएगा और हाथ में बियर का एक कैन लिए बाहर निकलेगा।

शराब को लेकर अंग्रेज़ों की सोच भी नायाब है। एक बार बर्मिंघम शहर के एजबेस्टन क्रिकेट मैदान में भारत और इंग्लैंड के बीच एक दिवसीय क्रिकेट मैच चल रहा था। मैं अपने कुछ भारतीय और अंग्रेज़ मित्रों के साथ दर्शक दीर्घा में मौजूद था। सुबह से ही अंग्रेज़ मित्र एक के बाद एक बियर के गिलास अपने भीतर उड़ेलने में लगे थे, कुछ इस तरह जैसे कि हम किसी क्रिकेट स्टेडियम में नहीं बल्कि बियर पीने की किसी स्पर्धा में बैठे हों। उनकी संगति में दो तीन गिलास बियर मैं भी पी चुका था। हाफ टाइम तक भूख ज़ोरों से लग आई थी। हाफ टाइम होते ही हम स्टेडियम में बने रेस्टोरेंट की ओर लपके और मैंने तुरंत ही एक चिकन बर्गर आर्डर किया। मेरे साथ ही खड़े अंग्रेज़ साथी जॉन ने एक बियर आर्डर की। मैंने आश्चर्य से जॉन की ओर देखते हुए पूछा, "तुम खाना नहीं खाओगे?"

जॉन ने मुस्कुराते हुए कहा, "पाँच पौंड का एक बर्गर? इतने में तो दो बियर आ जाएँगी।"

शराब की दीवानगी ने कई प्रतिभावान और विख्यात अंग्रेज़ों के व्यावसायिक और विवाहित जीवन भी तबाह किये हैं। मशहूर फिल्म अभिनेत्री एलिज़ाबेथ टेलर और उनके पाँचवे पति और प्रसिद्द अभिनेता रिचर्ड बर्टन धुरंधर पियक्कड़ थे। कौन उन्नीस था और कौन बीस यह कहना तो मुश्किल है, मगर उनके कुछ अभिन्न मित्रों की मानें तो एलिज़ाबेथ टेलर शराब पीने की प्रतिस्पर्धा में किसी भी मर्द को हरा सकने का माद्दा रखती थीं। एक बार किसी होटल में शराब पीते हुए एलिज़ाबेथ और रिचर्ड के बीच ज़बरदस्त झगड़ा हुआ। झगड़े के दौरान एलिज़ाबेथ हाथ में वोदका

की टूटी बोतल लिए रिचर्ड को पूरे होटल में दौड़ाती रहीं। होटल को हुए नुकसान का खर्च आया बीस हज़ार पौंड।

प्रसिद्द अभिनेता रिचर्ड हैरिस भी ज़बरदस्त पियक्कड़ थे। रिचर्ड हैरिस दिन में वोदका की दो बोतल आराम से पी जाते और फिर शाम को ब्रांडी की बोतल खोल कर बैठ जाते। हैरिस का कहना था कि उन्हें सुबह अख़बार में यह पढ़ने में बड़ा मज़ा आता था कि पिछली रात उन्होंने शराब के नशे में धुत्त होकर क्या-क्या कारनामे किये थे।

एक अन्य अभिनेता ओलिवर रीड तो और भी बड़े पियक्कड़ थे। एक बार उन्होंने एक दिन में बियर के 126 पाइंट पी डाले। ओलिवर रीड की पसंदीदा ड्रिंक उनकी खुद की ईज़ाद की हुई थी, एक आइस बकेट में बार में उपलब्ध सभी प्रकार की शराबों को उड़ेल कर बनाई हुई।

ओलिवर कभी-कभी शराब के नशे में धुत्त होकर सांसारिकता से भी परे हो जाते और सरेआम वस्त्र त्याग कर दिगंबर हो जाते। एक बार एक रेडियो चैट शो में अमेरिकी अभिनेत्री इलेन स्ट्रिच के साथ ओलिवर को भी भाग लेना था। इलेन शो पर पहले से ही मौजूद थीं। थोड़ी देर बाद स्टूडियो का दरवाज़ा एक ज़ोर के झटके से खुला और दरवाज़े पर खड़े दिखाई दिए ओलिवर रीड, शराब के नशे में धुत्त और बिलकुल दिगंबर।

“माय डिअर ओलिवर, सच कहूँ तो मैंने बड़े और बेहतर देखे हैं।” इलेन ने ओलिवर के गुप्तांग को घूरते हुए कहा।

द्वितीय विश्वयुद्ध में ब्रिटेन का नेतृत्व करने और अपने जोशीले भाषणों द्वारा न सिर्फ पूरे ब्रिटेन बल्कि अन्य मित्र देशों को भी उद्वेलित करने वाले ब्रिटिश प्रधानमंत्री विंस्टन चर्चिल की शराब

की दीवानगी के चर्चे भी आम रहे हैं। चर्चिल न सिर्फ दिन भर शराब के घूँट भरते रहते थे बल्कि यहाँ तक कहा जाता है कि वे सुबह कुल्ला भी शराब से ही किया करते थे। चर्चिल का एक प्रसिद्द कथन है- “मेरे जीवन का एक नियम किसी पवित्र संस्कार के रूप में तय है। सिगार पीना और भोजन के पहले, बाद में और भोजन के दौरान शराब पीना, और ज़रूरी हो तो उनके बीच के अंतराल में भी।”

चर्चिल के शराब और नशाखोरी से जुड़े कई रोचक किस्से भी हैं। शराब के लिए चर्चिल की अमिट प्यास कभी किसी से छुपी नहीं रही। चर्चिल के समकालीन अमरीकी राष्ट्रपति फ्रैंकलिन रूजवेल्ट के शासन में जब विंस्टन चर्चिल रूजवेल्ट से मिलने अमरीका की यात्रा पर गए तो व्हाइट हाउस के कर्मचारियों ने चर्चिल और रूजवेल्ट की बैठकों के लिए एक नाम गढ़ लिया था, ‘विंस्टन ऑवर्स’। इन बैठकों में चर्चिल रूजवेल्ट को इतनी शराब पिला देते कि रूजवेल्ट को ‘विंस्टन ऑवर्स’ से उबरने के लिए तीन रातों तक रात में दस से बारह घंटे सोना पड़ता था।

शराब के प्रति चर्चिल की आत्मीयता के किस्से उस समय से जाने जाते हैं जब वे महज पच्चीस वर्ष की उम्र के थे। कहते हैं कि वर्ष 1899 में मॉर्निंग पोस्ट अख़बार के लिए संवाददाता के रूप में बोअर युद्ध को कवर करने गए चर्चिल अपने साथ 36 बोतल वाइन, 18 बोतल स्कॉच और छह बोतलें ब्रांडी की ले गए थे। बाद के दिनों में चर्चिल को यह कहते हुए पाया गया था- “जब मैं युवा था तो मैंने यह नियम बना लिया था कि लंच से पहले कभी भी स्ट्रॉन्ग ड्रिंक नहीं लेना चाहिए। अब मेरा नियम है कि सुबह के नाश्ते से पहले ऐसा कभी न करूँ।”

शराब का नशा कभी भी चर्चिल की हाज़िरजवाबी के रास्ते में नहीं आया, बल्कि कई बार नशे की हालत ने उनकी इस क्षमता को बढ़ाया ही। शराब के नशे में की गई हाज़िरजवाबी की एक कहानी चर्चिल के किस्सों के इर्द-गिर्द घूमती रहती है। कहते हैं कि एक रात चर्चिल को शराब के नशे में लड़खड़ाते हुए देख किसी महिला सांसद ने उनसे कहा, "चर्चिल आप नशे में हैं, और सच कहा जाए तो आप घृणास्पद रूप से नशे में हैं।"

चर्चिल ने तुरंत ही उस महिला सांसद को उत्तर दिया, "मैडम आप कुरूप हैं और सच कहा जाए तो आप घृणास्पद रूप से कुरूप हैं। किंतु कल सुबह मेरा नशा उतर जाएगा मगर आप तब भी इतनी ही कुरूप रहेंगी।"

खैर, शराब के नशे में अंग्रेज़ चाहे जैसा भी व्यवहार करें मगर जब वे नशे में न हों तो उनसा विनम्र और शिष्टाचारी भी नहीं मिल सकता। सॉरी, थैंक यू और यू आर वेलकम जैसे शब्द तो उनके मुँह से किसी मीठे झरने से बहते रहते हैं। यदि सड़क चलते आप किसी को ठोकर मार बैठें या किसी के पैर पर आपका जूता पड़ जाए और वह व्यक्ति पलट के आपसे कहे, "सॉरी" तो समझ लें आप ब्रिटेन के अलावा कहीं और नहीं हो सकते।

आरम्भ में तो मुझे अंग्रेज़ों का यह शिष्टाचार बड़ा ही अटपटा लगता। यदि किसी का काम करके उसे फ़ोन पर उसकी जानकारी दी तो दूसरी ओर से थैंक यू और चियर्स जैसे शब्दों की झड़ी लग जाती। आभार व्यक्त करने का यह तरीका मुझे बड़ा ही विचित्र लगता। ठीक है भाई एक बार थैंक यू कह दिया अब रखो फ़ोन और काम पर लगो। मगर वह तो इस तरह आभार व्यक्त करेगा कि आप उस आभार के आभार तले दबा महसूस करने लगें।

और यदि आपको यह न पता हो कि 'थैंक यू' का जवाब 'यू आर वेलकम' होता है 'थैंक यू' नहीं, तो फिर अगले आधे घंटे तक आप एक दूसरे को थैंक यू ही कहते रहेंगे।

ब्रिटेन में शिष्टाचार की एक और परंपरा है, 'होल्ड द डोर'। किसी दरवाज़े से गुज़रते हुए अंग्रेज़ व्यक्ति खुले हुए दरवाज़े को उसके पीछे आने वाले व्यक्तियों के लिए पकड़ कर रखता है, तब तक, जब तक कि उसके पीछे आने वाला व्यक्ति दरवाज़े को न थाम ले। मगर शिष्टाचार की हद तो यह है कि यदि उसकी नज़र में काफी दूर से भी कोई व्यक्ति उस ओर आता दिखाई दे तो वह दरवाज़ा पकड़े खड़ा रहेगा, कुछ इस तरह कि आने वाले व्यक्ति को ही शर्म आ जाए और उसे आराम से चलने की बजाय दौड़ कर दरवाज़े तक पहुँचना पड़े। कभी-कभी तो दृश्य और भी मज़ेदार हो जाता है जब पता चलता है कि आने वाले व्यक्ति को तो उस दरवाज़े से प्रवेश ही नहीं करना था। दरवाज़ा पकड़ कर खड़े व्यक्ति की आने वाले से इतनी अपेक्षा तो होती ही है कि वह कम से कम उसे थैंक यू कहे। मगर यदि वह अंग्रेज़ी शिष्टाचार से वाकिफ़ न हो और थैंक यू न कहे तो दरवाज़ा पकड़े खड़ा व्यक्ति पहले तो उसे तिरिस्कार से देखेगा मगर फिर कहेगा, "यू आर वेलकम।"

ब्रिटेन में तेईस वर्ष रहने के बाद भी मैं अक्सर इन शिष्टाचार की परम्पराओं को लेकर कंफ्यूज हो जाता हूँ। कभी-कभी राह चलते हुए किसी का पैर मेरे पैर पर पड़ जाए तो दर्द से कराहते हुए कह बैठता हूँ, 'यू आर वेलकम'।

यदि आपके बच्चों में शिष्टाचार की कमी हो और आप उन्हें शिष्टाचार सिखाते-सिखाते तंग आ चुके हों तो उन्हें ब्रिटेन अवश्य भेजें। यकीन मानिये आपके बच्चे लौट कर आपसे अवश्य कहेंगे, "थैंक यू।"

मन मोह लेता है थेम्स का पारदर्शी प्रवाह

हॉलबोर्न में मैं जिस सर्विस अपार्टमेंट में रुका था वह थेम्स नदी से थोड़ी ही दूरी पर था। अगली शाम को मैं थेम्स के तट की सैर पर निकल पड़ा। मौसम गर्मियों का था और थेम्स की धारा से उठकर आते शीतल समीर के झोंके सुखद लग रहे थे। उससे भी अधिक सुखद यह एहसास था कि थेम्स की धारा से कहीं अधिक जीवंत और गतिशील उसके किनारे दिखाई पड़ रहे थे। यूँ तो एयर फ्रांस की फ्लाइट के लंदन में उतरते समय हवाईजहाज की खिड़की से मुझे नागिन की तरह बल खाती थेम्स के दर्शन पहले भी हो चुके थे, मगर किनारों तक लबालब भरी इस नदी को पास से देखने का आनंद कुछ और ही था। खूबसूरत टॉवर ब्रिज के नीचे से लगभग पारदर्शी जल की धारा लिये बहती थेम्स और दिल्ली के निज़ामुद्दीन ब्रिज के नीचे किसी नाले की नियति लिये बहती यमुना नदी के बीच तुलना का विचार मन में तैर आया, जिसे मैंने बड़ी मुश्किल से एक ओर सरकाया। तुलना के लायक कोई विशेष समानता मुझे दिखाई न दी सिवाय इसके कि दोनो ही नदियाँ अपने किनारों पर एक लम्बा और महत्वपूर्ण इतिहास लिये बहती हैं।

वैसे थेम्स का प्रवाह हमेशा ही ऐसा पारदर्शी न हुआ करता था। कहते हैं कि थेम्स का पानी कभी काफी मटमैला और गहरे धूसर रंग का हुआ करता था। थेम्स के बहुत से हिस्सों में समुद्र की तरह ही ज्वार-भाटे से उठा करते हैं, जो तह की मिट्टी को ऊपर उठा लाते हैं और पानी की उपरी सतह तक को मटमैला कर देते हैं। यदि इस पानी को साफ़ न किया जाए और उस पर आस-पास की गंदगी और प्रदूषण उसमें उसी तरह आकर मिलते रहें जैसे कि

भारत की शहरी नदियों में आकर मिलते रहते हैं तो पानी काफी गहरे रंग का हो सकता है। माना जाता है कि नदी का नाम थेम्स इसके गहरे रंग की वजह से ही पड़ा था। संस्कृत का शब्द 'तमस' जिसका अर्थ हिन्दी में 'अंधकार' और अंग्रेज़ी में 'डार्क' होता है, वह लेटिन में 'टेमेसिस' और केल्टिक में 'टेमेसस' होते हुए 'टेम्स' हो गया। कुछ शताब्दियों बाद यूनानी असर में टेम्स को थेम्स कहा जाने लगा। यानी कि कहा जा सकता है कि थेम्स नदी को उसका नाम एक तरह से भारत की ही देन है। एक धारणा यह भी है कि लेटिन शब्द 'टेमेसिस' दो शब्दों से मिलकर बना है, 'टॅम' अर्थात चौड़ा और 'आइसिस' अर्थात पानी या नदी, यानी कि टेमेसिस का अर्थ हुआ 'चौड़ी नदी'। हालाँकि भारतीय नदियों गंगा, यमुना या ब्रह्मपुत्र से तुलना की जाए तो थेम्स किसी दृष्टिकोण से चौड़ी नदी नहीं लगती।

ब्रिटेन की औद्योगिक क्रांति के बाद थेम्स पर औद्योगिक और घरेलू प्रदूषण का वैसा ही असर पड़ा जैसा कि भारत की शहरी नदियों पर इन दिनों देखने को मिलता है। औद्योगिक क्रांति के चलते थेम्स नदी का प्रदूषण इतना बढ़ गया था कि न सिर्फ उसकी दुर्गन्ध असहनीय थी बल्कि इस प्रदूषण से फैली हैजा और डिप्थीरिया जैसी बीमारियों से लन्दन शहर में ही हज़ारों जानें जा चुकी थीं। वर्ष 1858 में थेम्स नदी का पानी इतना अधिक प्रदूषित हो गया था कि उसकी दुर्गन्ध के चलते ब्रिटिश सांसदों का थेम्स के किनारे बने वेस्टमिन्स्टर पैलेस में स्थित ब्रिटिश संसद में बैठना दूभर हो गया था और शासन ने संसद को वहाँ से स्थानांतरित कर थेम्स नदी से कहीं दूर ले जाने का निर्णय किया था। ब्रिटेन के इतिहास में इस दौर को 'द ग्रेट स्टिंक' यानी कि 'भीषण दुर्गन्ध' का नाम दिया गया है। ब्रिटिश संसद के इस स्थानांतरण पर जॉन लीच नामक

कार्टूनिस्ट ने सांसदों और अभिजात्य वर्ग की मानसिकता पर व्यंग्य करता एक कार्टून बनाया था जो कि व्यंग्य पत्रिका 'पंच' में प्रकाशित हुआ था। कार्टून का शीर्षक था 'ए डिज़ाइन फॉर ए फ्रेस्को इन द न्यू हाउसेस ऑफ़ पार्लियामेंट' (नई संसद में लगने वाले भित्तिचित्र के लिए एक डिज़ाइन')।

कार्टून पर चर्चा करने से पहले एक दिलचस्प बात जान लेना ज़रूरी है कि जिस तरह हम भारतीय अपनी पवित्र नदियों को मातातुल्य मानकर उन्हें माँ की संज्ञा देते हैं, ब्रिटेन में थेम्स नदी को पितातुल्य माना जाता है और उसे 'फादर थेम्स' या 'पापा थेम्स' कहा जाता है। प्रकृति से व्यक्तिगत और आध्यात्मिक सम्बंध जोड़ने की परम्परा सिर्फ भारत में ही नहीं बल्कि विश्व की हर पुरातन संस्कृति में रही है। प्राचीन मिस्र के मिथिकों में नील नदी के सम्बंध कई देवी-देवताओं से जुड़े हुए हैं जिनमें एक सम्मोहन और माया की देवी आइसिस भी है (इस आइसिस देवी का इस्लामिक स्टेट से कोई सम्बंध नहीं है)। ब्रिटेन में भी थेम्स नदी को ऑक्सफ़ोर्ड के पास आइसिस के नाम से जाना जाता है। मान्यता है कि नदी का नारी या देवी स्वरुप आइसिस आगे जाकर नर या देव स्वरुप फादर थेम्स से मिलता है। इस मायने में इस पुरातन धारणा और हमारे भारतीय साँख्य के पुरुष और प्रकृति के दर्शन के बीच साम्य देखा जा सकता है।

अब चलिए वापस कार्टून पर आते हैं। इस कार्टून में फादर थेम्स को एक बूढ़े, भद्दे और जर्जर व्यक्ति के रूप में दिखाया गया है जो अपने तीन बच्चों हैजा, डिप्थीरिया और स्क्रोफुला (उन दिनों इन तीनों बीमारियों को दूषित पानी से पैदा होने वाली बीमारियाँ समझा जाता था) को 'फेयर सिटी ऑफ़ लन्दन' जिसे एक गोरी

खूबसूरत मुकुटधारी महिला के रूप में दर्शाया गया है, को सौंपते हुए नज़र आते हैं। कार्टून पर गौर करें तो पाएँगे कि एक ही स्केच में उस वक्त की उन समस्त परिस्थितियों को उकेर दिया गया था जो थेम्स के प्रदूषण और उससे पैदा होने वाली बीमारियों के लिए ज़िम्मेदार थीं। उस मानसिकता को नग्न कर दिया गया था जो हज़ारों मौतों की ज़िम्मेदार होकर भी अपने स्वार्थों से उबर नहीं पा रही थी। इस कार्टून में गोरी, स्वच्छ और मुकुटधारी महिला उस धनी और अभिजात्य वर्ग की प्रतीक थी जो प्रदूषण और बीमारियों के शिकार निम्नवर्ग और उनके सरोकारों से पूरी तरह कटा हुआ था। वह उस उच्च वर्ग के द्वारा नियंत्रित राजनैतिक व्यवस्था की प्रतीक थी जिसकी रुचि जनता से अधिक जनता के प्रतिनिधियों की सुविधा में थी। इस कार्टून में बूढ़े, भद्दे और जर्जर फादर थेम्स जनता के उन सरोकारों के प्रतीक थे जिन्हें अभिजात्य वर्ग और उनके द्वारा नियंत्रित व्यवस्था ने इस रुग्ण अवस्था में पहुँचा दिया था। इस कार्टून में फेयर सिटी ऑफ़ लन्दन, बूढ़े, जर्जर और रुग्ण फादर थेम्स को जिस हिकारत से देखती दिखाई देती है उसने ब्रिटेन के जनमानस पर ऐसी गहरी चोट की कि पूरा समाज उद्वेलित हो उठा। उसके बाद तो ऐसे कार्टूनों की एक पूरी शृंखला ही चल निकली। पितातुल्य फादर थेम्स की इस जर्जर और रुग्ण अवस्था के अनेक चित्रण ने पूरे समाज को ऐसा शर्मसार किया कि न सिर्फ ब्रिटेन की संसद को फ़ौरन ही थेम्स को स्वच्छ करने का बिल बना कर पास करना पड़ा बल्कि थेम्स की स्वच्छता और सौन्दर्य स्थापित करने की वह मुहिम छेड़ी जिसने एक ऐसी जनक्रांति का स्वरुप ले लिया जिसने अभिजात्य वर्ग और सामान्य वर्ग के बीच की खाई को भी काफी हद तक पाटा। इन कार्टूनों के प्रकरण ने यह सिद्ध कर दिखाया था कि व्यंग्य में वह शक्ति है जो गहरी चोट कर

जनमानस को झकझोर सकती है, उद्वेलित कर सकती है, भावनाओं का सैलाब उठा सकती है, एक जनक्रांति पैदा कर सकती है। परन्तु इन दिनों जिस तरह हमारी भावनाएँ छोटी-छोटी बातों पर आहत होने लगी हैं, जिस तरह व्यंग्यकारों और कार्टूनिस्टों पर हमले हो रहे हैं, वे व्यंग्य ही नहीं बल्कि हमारे पूरे समाज के लिए खतरा हैं। क्या आज हममें से कोई कलाकार अपने किसी आराध्य को जर्जर, रुग्ण अवस्था में हिकारत से देखा जाता हुआ दिखा सकता है? क्या ऐसा करके वह जनसामान्य के आक्रोश से बच सकता है? व्यंग्य की तमाम चुनौतियों के बीच जो सबसे बड़ी चुनौती मुझे नज़र आती है वह है उसके कटाक्ष के प्रति सहिष्णुता या सहनशीलता की कमी। व्यंग्य चुभता है, चोट करता है, और उसी चोट में उसकी सार्थकता है। मगर यदि व्यंग्य की चोट से तिलमिला कर पाठक व्यंगकार की कलम ही पकड़ने और तोड़ने लगे, यदि भावनाएँ छोटी-छोटी चोटों से आहत होने लगें, तो व्यंग्य का औचित्य ही समाप्त हो जाता है। शार्ली ऐब्डो हमले जैसी शर्मनाक और दुर्भाग्यपूर्ण घटनाएँ व्यंग्य के लिए चुनौती ही नहीं बल्कि खतरा बनकर भी उभरी हैं।

हॉलबोर्न में ठहरने के बाद मैं रोज़ शाम को थेम्स के तट की लम्बी सैर पर निकल पड़ता। कभी पश्चिम में वेस्टमिंस्टर ब्रिज की ओर तो कभी पूर्व में टॉवर ब्रिज की ओर। एक ओर थेम्स की धारा से उठती ठंडी हवा और दूसरी ओर उसके किनारों पर बनी ऐतिहासिक इमारतों का सौंदर्य, जिनमें लम्बवत्त गॉथिक शैली में बना खूबसूरत 'वेस्टमिन्स्टर पैलेस' और 'ताजमहल' जैसा गुंबद लिए बना अनूठा 'सेंट पॉल कैथेड्रल' जैसी बेमिसाल इमारतें शामिल हैं, हर शाम की यह पैदल सैर मुझे थेम्स के किनारों के जैसी ही सजीवता से भर देती। पूर्व की ओर बढ़ते हुए दूर से ही

टॉवर ब्रिज का सौंदर्य मन मोह लेता, खासतौर पर तब जब उसके नीचे से कोई बड़ी बोट गुज़र रही होती। टॉवर ब्रिज कोलकाता के हावड़ा ब्रिज की तरह एक केंटिलीवर ब्रिज है। जब भी उसके नीचे से किसी बड़ी बोट को गुज़रना हो तो ब्रिज के केंटिलीवर उस पर से गुजरने वाले सारे यातायात को रोक कर, ऊपर की ओर उठ जाते हैं। इस दृश्य को अपने कैमरे में कैद करने के लिए ढेरों पर्यटक लम्बे समय तक टॉवर ब्रिज के आसपास खड़े इस अवसर का इंतज़ार करते रहते हैं।

बहुत से लोग आज भी टॉवर ब्रिज को गलती से लंदन ब्रिज कहते हैं जबकि लंदन ब्रिज उससे कुछ दूरी पर बना एक अलग ब्रिज है, टावर ब्रिज के मोहक रूप से अलग एक साधारण सा रूप लिया ब्रिज। लंदन ब्रिज का भी एक अनूठा इतिहास है। यह ब्रिज इतिहास में कई बार बना, टूटा और फिर बना है। संभवतः सबसे पहला ब्रिज रोमन आक्रमणकारियों ने बनाया था जो लकड़ी का बना प्लावी या फ्लोटिंग ब्रिज था। ब्रिटिश सम्राट हेनरी द्वितीय ने वर्ष 1176 में पहला पक्का ब्रिज बनवाया और उसे अपने मित्र और राजनैतिक प्रतिद्वंद्वी केंटबरी के आर्चबिशप थॉमस अबेकेट को समर्पित करते हुए ब्रिज पर उसकी याद में एक चैपल (पूजाघर) भी बनवाया। समय के साथ ब्रिज के दोनों ओर ढेरों अन्य इमारतें बनाई गईं जिनमें से कुछ सात मंज़िलों तक ऊँची थीं और ब्रिज के दोनों ओर लगभग सात फुट तक बाहर लटकी हुई थीं। समय-समय पर ये इमारतें आग लगने या अन्य दुर्घटनाओं का शिकार होकर ढहती रहीं और फिर बनती रहीं। लंदन ब्रिज की इन्हीं टूट और मरम्मतों की कहानी कहता है प्रसिद्द बालगीत 'लंदन ब्रिज इस फॉलिंग डाउन माय फेयर लेडी'। खैर किसी वक्त ब्रिज के दोनों ओर बनी इमारतों की वजह से लंदन ब्रिज इतना संकरा हो चुका था

कि इस पर से गुजरने वाला ट्रैफिक तंग भारतीय सड़कों के ट्रैफिक की तरह ही अव्यवस्थित होकर थम जाता। सड़क पर बाईं ओर ड्राइव करने का नियम इसी ट्रैफिक को व्यवस्थित करने के लिए वर्ष 1722 में बनाया गया था। वर्ष 1831 इस ब्रिज को ढहा कर एक चौड़ा और मजबूत ब्रिज बनाया गया जो दुर्भाग्यवश अपने ही भार से धंसता गया। बीसवीं शताब्दी में इस ब्रिज को भी ढहा कर किसी अमेरिकी व्यवसायी को ऊँची कीमत में बेच दिया गया। कहा जाता है कि ब्रिज को खरीदते समय अमेरिकी व्यापारी को भ्रम था कि वह खूबसूरत टॉवर ब्रिज खरीद रहा था।

थेम्स के पुलों से जुड़ा एक दुर्भाग्यजनक तथ्य यह भी है कि इन पुलों से गिरकर या कूदकर बहुत से लोग अपनी जान भी गवाते हैं। लगभग हर हफ्ते थेम्स से एक मानव शव निकाला जाता है। हालाँकि कुछ लोगों की धारणा यह भी है कि इन मृत्युओं का कारण थेम्स में रह रहे कुछ अदृश्य पोलर भालू हैं। वर्ष 1252 में सम्राट हेनरी तृतीय को नॉर्वे से भेंट में एक पोलर भालू मिला था जिसे वे थेम्स में मछलियाँ पकड़ने के लिए छोड़ दिया करते थे। संभवतः उस पोलर भालू के वंशज आज भी थेम्स में अदृश्य रूप से तैर रहे हैं और किसी जादुई शक्ति से पुल पर खड़े यात्रियों को अपनी ओर खींचते हैं।

थेम्स से जुड़े रोचक तथ्य, किस्से और मिथक अनेक हैं। आज चौबीस वर्ष बाद भी थेम्स मुझे उतना ही आकर्षित और विस्मित करती है जितना उसने मुझे पहली मुलाकात में किया था। आज भी थेम्स के किनारे टहलते हुए मैं उससे जुड़े रोचक किस्से तलाशता रहता हूँ और साथ ही पढ़ता रहता हूँ उस इतिहास को जो उसके किनारे रचा हुआ है। पंडित जवाहरलाल नेहरू ने 'द

ग्लिम्प्सेस ऑफ़ वर्ल्ड हिस्ट्री' में कहा है कि इतिहास को सिर्फ किताबों में न पढ़ो, उन्हें ऐतिहासिक इमारतों और उनके अवशेषों में भी देखो। उन्हें गौर से देखो उनमें तुम्हें इतिहास लिखा नज़र आएगा। बस कुछ ऐसी ही कोशिश ब्रिटेन की सैर करता हुआ मैं भी करता रहता हूँ।

पराधीन करने वाले देश में
स्वाधीनता का पर्व

जल्दी ही 15 अगस्त यानी कि भारत का स्वाधीनता दिवस आ गया। इस बात को जानने की तीव्र उत्सुकता थी कि उस देश में भारत का स्वाधीनता दिवस किस तरह मनाया जाता होगा जिसने स्वयं भारत को पराधीन किया था। यह जानने के लिए मैं भारत के उच्चायोग या हाई कमीशन जा पहुँचा। पता चला कि भारत का स्वाधीनता दिवस उच्चायोग से लगभग बारह मील दूर 'इंडियन जिमखाना क्लब' में मनाया जाने वाला था। भारतीय उच्चायोग के पास से अंडरग्राउंड मेट्रो ट्रेन पकड़कर कर मैं लगभग एक घंटे की यात्रा कर जिमखाना क्लब पहुँचा। जिमखाना क्लब के क्रिकेट ग्राउंड में स्वाधीनता के पर्व को निभाने के सारे प्रबंध थे। ध्वजारोहण और राष्ट्रगान के साथ ही कई भारतीय सांस्कृतिक कार्यक्रमों से लेकर भारतीय भोजन तक के इंतज़ाम थे। स्वाधीनता के पर्व को मनाने के ऐसे अद्भुत प्रबंध मैंने भारत में भी कम ही देखे थे। सबसे पहले भारतीय उच्चायुक्त द्वारा ध्वजारोहण हुआ। लंदन के मेघाच्छित आकाश के तले भारतीय तिरंगा पूरी शान से लहराया। उसके साथ ही समवेत स्वर में भारत का राष्ट्रगान गाया गया। एक गरिमामय दृश्य मेरी आँखों के सामने रचा जा रहा था। भारतीय राष्ट्रध्वज और राष्ट्रगान का सम्मान करने वालों में कई गोरे अंग्रेज़ों को देखना मेरे लिए अत्यंत सुखद अनुभव था। भारत को पराधीन बनाने और भारतीयों को शोषित और दमित करने वाले साम्राज्य से भारतीय स्वाधीनता के गौरव का मान करने वाले देश

के रूप में ब्रिटेन का परिवर्तन इतिहास की कई करवटों का साक्षी है।

कुछ दिनों पहले प्रसिद्द आध्यात्मिक गुरु और लेखक एकहार्ट टॉली का एक इंटरव्यू देखा था। चर्चा सृष्टि में उपस्थित विपरीत ऊर्जाओं यानी यिन और याँग या स्त्री और पुरुष ऊर्जाओं पर हो रही थी। एकहार्ट टॉली ने बहुत सारगर्भित वर्णन किया कि इस चराचर जगत की प्रत्येक वस्तु की तरह ही राष्ट्र, संस्कृतियाँ और सभ्यताएँ भी निरंतर यिन और याँग के प्रभाव में झूलती रहती हैं। कभी किसी राष्ट्र या सभ्यता की चेतना याँग के अत्यधिक प्रभाव में जकड़ जाती है। याँग या पुरुष ऊर्जा का प्रबल प्रभाव उग्र राष्ट्रवाद, साम्राज्यवाद और फ़ासीवाद जैसी आकांक्षाओं को जन्म देता है जिनकी परिणति हिंसा, निष्ठुरता, दमन और अत्याचार में होती है। मगर फिर वही राष्ट्र या वही सभ्यता दूसरे छोर पर पहुँचकर यिन के आँचल में जा सिमटती है। यिन या स्त्री ऊर्जा का प्रभाव संवेदना, करुणा और उदारता जैसे गुणों को निखारता तो है मगर उसकी अधिकता उस राष्ट्र या सभ्यता को सुदृढ़ता देने वाले संयम और अनुशासन के गुणों को क्षीण भी कर देती है।

उन्नीसवीं सदी और बीसवीं सदी के पूर्वार्ध का यूरोप निश्चित रूप से याँग के प्रभाव में रहा। इस प्रभाव ने साम्राज्यवाद और उपनिवेशवाद को जन्म दिया। याँग के प्रभाव में ही यूरोपीय साम्राज्यों ने एशिया और अफ्रीका के देशों को अपना उपनिवेश बनाया, उन्हें लूटा और उनसे दासता करवाई। बीसवीं सदी के पूर्वार्ध में यह प्रभाव इतना प्रबल रहा कि यूरोप अपने स्वयं के विनाश पर उतारू हो गया। दो विश्वयुद्ध हुए, भीषण नरसंहार हुए, जर्मनी और इटली में फ़ासीवाद का ताण्डव मचा और सोवियत संघ

में साम्यवाद के कठोर शिकंजों में घुटकर लाखों निर्दोषों ने दम तोड़ दिए।

मगर दूसरे विश्वयुद्ध के बाद यूरोप की चेतना अचानक परिवर्तित हुई। जैसे कि लम्बे तनाव और अवसाद के बाद किसी व्यक्ति को आत्मबोध हुआ हो और उसने मुक्ति की राह पकड़ी हो। साम्राज्यवाद का अंत हुआ, उपनिवेशों को स्वतंत्रता मिली और प्रजातंत्र और मानवाधिकार सशक्त हुए। साठ के दशक में यूरोप और अमेरिका में दो महत्वपूर्ण आन्दोलन हुए। एक नारीमुक्ति का आन्दोलन और दूसरा हिप्पी आन्दोलन, जिसे हिप्पी युवा, मनुष्य की मुक्ति का आन्दोलन ही कहते थे। मगर इन आंदोलनों के मूल में मुक्ति से कहीं अधिक स्वच्छन्दता और उन्मुक्तता की चाह थी। इस स्वच्छन्दता और उन्मुक्तता की चाह में उत्तरदायित्व का भाव या तो बहुत कम था या लगभग नदारद ही था। धीरे-धीरे यह उन्मुक्तता, उच्छृंखलता में बदलने लगी। समाज के ढाँचे ढहने लगे, संस्थाएँ टूटने लगीं। वह चाहे धर्मरूपी संस्था हो या परिवाररूपी संस्था, हर संस्था का क्षय हुआ। यूरोपीय समाज यिन के प्रबल प्रवाह में बह निकला। उदारता अराजकता की सीमा छूने लगी और संवेदना शिथिलता में बदलने लगी। बीसवीं सदी के पूर्वार्ध का कठोर यूरोप बीसवीं सदी के अंत तक यिन के प्रभाव में एक मृदुल और शिथिल समाज बन गया।

वर्ष 1998 में जब मैं पहली बार ब्रिटेन आया तो मुझे एक ऐसा ही मृदुल समाज देखने को मिला जिसमें प्रवासियों के लिए उदारता में लिपटी संवेदना थी। मुझे वह समाज मेरा और मेरे मित्रों का खुली बाहों से सहर्ष स्वागत करने को आतुर दिखा। मगर इस आतुरता में यह सतर्कता भी थी कि हमारे सत्कार में कहीं कोई

कमी न हो, हमारी सुविधाओं और सुभीताओं का पूरा ध्यान रखा जाए। इस स्वागत-सत्कार में मुझे भारतीय भावुकता और अतिथि देवो भवः के भाव के विपरीत समानता के भाव अधिक दिखाई दिए। सामाजिक रूप से हो या व्यवसायिक रूप से, मुझे ब्रिटेन में कहीं पक्षपात या भेदभाव न दिखाई दिया। उस वर्ष लगभग छह महीने ब्रिटेन में रहकर जब मैं वापस भारत लौटा तो मन में एक लालसा साथ लिए लौटा कि जल्दी ही लौटकर फिर इस देश में आना है। वर्ष 2000 में मैं सपरिवार ब्रिटेन आ बसा।

जिस उदार और संवदेनशील ब्रिटिश समाज से मेरा साक्षात्कार हुआ वह उस ब्रिटेन से कितना अलग है जिसने भारत पर लगभग डेढ़ सदी तक शासन किया? भारत को शोषित और भारतीयों को दमित करने वाले ब्रिटिश साम्राज्य में आम नागरिक का समाज कैसा रहा होगा? क्या उस समाज का हर व्यक्ति ब्रिटिश साम्राज्य के अधिकारियों की तरह ही भारतीयों को तुच्छ समझता होगा, उनका तिरिस्कार करता होगा? इसका उत्तर जानने के लिए पहले तो इस बात को समझना होगा कि तब का ब्रिटेन आज के ब्रिटेन की तरह समतावादी ब्रिटेन नहीं था। तब न तो मानवाधिकार ही इतने सुरक्षित थे और न ही प्रजातान्त्रिक मूल्य ही इतने गहरे। उन्नीसवीं शताब्दी के ब्रिटेन में आम ब्रिटेनवासी की स्थिति आम भारतीय से बहुत बेहतर नहीं थी। उस दौर के ब्रिटेन का निम्न वर्ग निर्धनता और अभाव में ही जी रहा था। मध्यम वर्ग यदि आर्थिक रूप से कुछ संपन्न था तो भी वह अक्सर उच्च वर्ग के तिरिस्कार और अपमान का भाजन बनता रहा। इसके विपरीत भारतीयों का उच्च वर्ग जिसमें भारतीय रियासतों के राजा, नवाब और उनके सम्बन्धी शामिल थे ब्रिटेन में काफ़ी सम्मान पाते रहे। कहते हैं कि ब्रिटेन का आम नागरिक ब्रिटेन आने वाले भारतीयों से भयभीत ही

रहता था कि पता नहीं कौन किस रियासत का महाराजा निकल आए।

बीसवीं शताब्दी में भी ब्रिटिश शासन में उच्च पदों पर नियुक्त हुए भारतीय, ब्रिटेन में आम ब्रिटिश नागरिक से अधिक सम्मान ही पाते। तो इन डेढ़ सदियों में हालाँकि भारत ब्रिटिश साम्राज्य का गुलाम अवश्य रहा मगर ब्रिटिश नागरिक और भारतीय नागरिक के बीच शासक और दास जैसा सीधा सम्बंध कभी नहीं रहा और न ही कभी आम ब्रिटिश नागरिक इस दम्भ का शिकार रहा कि वह भारतीयों का शासक है। दरअसल देखा जाए तो भारतीयों के अधिकारों और भारत की स्वतंत्रता की माँग ब्रिटेन में भी उतनी ही उठी जितनी कि भारत में। भारत के स्वतंत्रता आन्दोलन को ब्रिटेन की प्रेस और मीडिया का पर्याप्त समर्थन मिला। बीसवीं सदी के उत्तरार्ध में यिन के प्रभाव वाला सामाजिक उदारता का जो आन्दोलन संपन्न हुआ उसके बीज बीसवीं सदी के पूर्वार्ध में ही बो दिए गए थे।

अब ब्रिटेन में मुझे रहते हुए तेईस वर्षों से कुछ अधिक समय हो गया है। इन तेईस वर्षों में मुझे ब्रिटेन के नागरिकों के व्यवहार में कभी यह भाव न दिखाई दिया कि मैं उस राष्ट्र से आया हूँ जिस पर ब्रिटेन ने कभी शासन किया था। इन तेईस वर्षों में मुझे कभी यह अहसास नहीं हुआ कि इस देश ने मुझे या मेरे परिवार को नहीं अपनाया। इसके विपरीत विडंबना यह रही कि मैं स्वयं कभी इस देश को पूरी तरह अपना नहीं पाया। मेरे भीतर हमेशा भारत, भारतीय संस्कारों और भारतीय जीवनशैली का आधिपत्य रहा। एक विचित्रता यह भी रही कि मेरे भीतर का भारत लगभग वैसा ही रहा जैसा भारत मैं तेईस वर्षों पहले छोड़कर आया था। इन तेईस

वर्षों में भारत स्वयं बहुत बदल गया। भारत का बहुत तेज़ी से पश्चिमीकरण भी हुआ। भारतीयों का खानपान और रहन-सहन भी बहुत बदला। हर साल जब छुट्टियों में घर जाता तो एक बदला हुआ भारत दीखता। अब तो वह भारत इतना बदल चुका है कि मैं उसका अपने भीतर के भारत से तादात्म्य नहीं बना पाता। मगर फिर भी भीतरी और बाहरी, दोनों ही रूपों में, मैं भारत से अधिक जुड़ाव और लगाव महसूस करता हूँ। भारतीय राजनीति, भारतीय साहित्य, भारतीय संगीत और भारतीय फिल्मों में मेरी रुचि अधिक रहती है। भारतीय पर्व, चाहे वे सांस्कृतिक पर्व हों या राष्ट्रीय पर्व मुझे अधिक उल्लसित करते हैं। दीपावली, होली, संक्रांति और बैसाखी से लेकर स्वतंत्रता दिवस और गणतंत्र दिवस के पर्वों को मैं अधिक उत्साह से मनाता हूँ। ब्रिटेन में इन पर्वों के उत्सव हम न सिर्फ घरों पर बल्कि सार्वजनिक रूप से भी मनाते हैं और अधिक प्रसन्नता तब होती है जब इन उत्सवों में गोरे अंग्रेज़ भी शामिल होते हैं। आज आम ब्रिटिश नागरिक भी यह मानता है कि भारत या किसी भी अन्य देश का स्वतंत्रता दिवस या गणतंत्र दिवस सिर्फ उस देश के वासियों के लिए नहीं बल्कि सम्पूर्ण मानवजाति के लिए उत्सव का अवसर है। वह मनुष्य की मुक्ति का उत्सव है, वह गणतंत्र की विजय का उत्सव है।

ब्रिटिश समाज की इसी उदारता ने पिछले कई दशकों में प्रवासियों की संस्कृति और आस्था को पूरा सम्मान दिया। मगर दुर्भाग्यवश ये प्रवासी संस्कृतियाँ ब्रिटेन की मुख्यधारा की संस्कृति में विलय नहीं कर पाईं। ब्रिटेन के भीतर कई संस्कृतियाँ एक दूसरे के समानांतर पलने लगीं। बहुसांस्कृतिक ब्रिटेन में विश्व संस्कृतियों की सामानांतर धाराएँ चलीं जिनमें मेल कम ही हो पाया। मगर कहीं कहीं इन संस्कृतियों का मिलन भी हुआ और वह मिलन कराया

प्रवासियों की ब्रिटेन में पैदा हुई और पली बढ़ी पीढ़ियों ने। आज यदि ब्रिटेन का युवा पॉप और रॉक संगीत की लय में डोलता और रैप और हिपहॉप की धुन में थिरकता है तो बॉलीवुड के गीतों पर ठुमकता भी है, भांगड़ा के बीट्स पर नाचता भी है। वह लगभग हर शाम हिन्दुस्तानी करी के चटकारे लेता है। कबाब, टिक्का, समोसे, पकौड़े आदि उसके स्वाद में रच-बस चुके हैं।

एक ओर प्रवासियों की ब्रिटेन में पैदा हुई और पली पीढ़ियाँ अपनी संस्कृति के ब्रिटेन की मुख्यधारा की संस्कृतियों में विलय के प्रयास करती रही तो दूसरी ओर वह अपने ही घरों में दो सामानांतर संस्कृतियों के बीच भटकती भी रही। इसका प्रमाण मुझे स्वयं अपने घर में दिखाई देता है। जहाँ हमारे बच्चे ब्रिटेन के आम युवाओं की तरह ही स्वच्छन्द और उन्मुक्त होकर जीना पसंद करते हैं वहीं हम उन पर संयम और अनुशासन की बेड़ियाँ डालते हैं। वे स्कूलों से उदारता और सरलता की शिक्षा लेकर आते हैं और हमें भय होता है कि इस उदारता और सरलता में वे व्यावहारिकता न खो बैठें। वे पश्चिमी संगीत सुनना पसंद करते हैं, हॉलीवुड की फ़िल्में देखना पसंद करते हैं, क्रिसमस, ईस्टर और हेलोवीन जैसे पर्वों में अधिक रुचि लेते हैं। उनकी न तो उस भारतीय राजनीति में कोई रुचि होती और न ही बॉलीवुड के कलाकारों के उस निजी जीवन में जिसकी चर्चा हम अक्सर घरों और पार्टियों में करते हैं। वे यौन सबंधों में उन्मुक्तता चाहते हैं। हम उन्हें भारतीय लज्जायुक्त संस्कारों की दुहाई देते हैं। हम उनके भविष्य को लेकर चिंतित होते हैं, वे हमारे वर्तमान से तंग होते हैं।

मगर जैसा कि एकहार्ट टॉली ने कहा कि हर समाज यिन और याँग के विपरीत ध्रुवों के बीच झूलता रहता है। एक की अति

उसे दूसरे की दिशा में धकेलती है। पिछले कुछ वर्षों में मैंने महसूस किया कि ब्रिटेन का समाज भी अति-उदारता, अति-स्वच्छंदता और अति-उन्मुक्तता से सरककर संयम और अनुशासन से संतुलन बनाना चाहता है। यह बात अपने बच्चों के भविष्य के प्रति आश्वस्त तो करती है मगर साथ ही ब्रेक्सिट के पीछे-पीछे आने वाले राष्ट्रवाद या याँग की जो पदचाप सुनाई देती है वह चिंतित भी करती है।

स्कॉटलैंड–
झीलों के देश का स्वाधीनता संघर्ष

ब्रिटेन पहुँचने के बाद से ही स्कॉटलैंड घूमने की तीव्र इच्छा मन में पल रही थी। स्कॉटलैंड के बारे में जो भी देखा-सुना था, चाहे किल्ट पहने बैगपाइप पर स्कॉटिश हाइलैंड की मोहक लोकधुन बजाते बैगपाइपर, घर की बनी स्कॉच-विस्की या स्कॉटिश हाइलैंड का मनोरम सौन्दर्य, सब कुछ मन को लगातार खींच रहा था। किल्ट यानी घुटनों तक आने वाला औरतों की स्कर्ट जैसा परिधान, जो पारम्परिक रूप से स्कॉटिश पुरुष पहनते आए हैं। अब आधुनिक युग में किल्ट का चलन लगभग समाप्त हो चुका है किंतु फिर भी परंपराओं को सहेजने वाले देश ब्रिटेन में स्कॉटिश पुरुष अब भी कुछ विशेष अवसरों पर किल्ट पहनते हैं। इन अवसरों में एक होता है 'एडिनबर्ग इंटरनेशनल फेस्टिवल' जो अगस्त माह के अंत में मनाया जाता है। तब तक स्कॉटलैंड सिर्फ फिल्मों के रूपहले पर्दे पर ही देखा था। यूँ तो हिमालय या सतपुड़ा की ऊँची चोटियों की तुलना में स्कॉटिश पहाड़ियाँ किसी अफ्रीकी ऊँट की पीठ के कूबड़ सी ही नज़र आती थीं, फिर भी खूबसूरत झीलों से घिरी इन पहाड़ियों का सौन्दर्य अपने-आप में अनूठा लगता था।

अगस्त महीने की 23 तारीख थी। स्कॉटलैंड की राजधानी एडिनबर्ग में 'एडिनबर्ग इंटरनेशनल फेस्टिवल' चल रहा था। अपनी सिल्वर कलर की 'फ़ोर्ड फोकस' में परिवार को साथ लिये मैं

सुबह-सुबह स्कॉटलैंड की ओर निकल पड़ा। लगभग छह घंटों की लम्बी यात्रा कर, लेक डिस्ट्रिक्ट की खूबसूरत झीलों और पहाड़ियों को पार करते हुए हम दोपहर तक एडिनबर्ग आ पहुँचे।

'एडिनबर्ग फेस्टिवल' अपने पूरे शबाब पर था। कल्चरल फेस्टिवल जीवन और प्रकृति के मनोहर रूप का खुल कर आनंद लेने के लिये ही होते हैं और यदि उस पर स्कॉटलैंड का नैसर्गिक सौन्दर्य साथ हो तो मज़ा दुगना हो जाता है। और यह जानकर तो तिगुना कि कुछ गिने-चुने स्थलों पर आयोजित 'एडिनबर्ग इंटरनेशनल फेस्टिवल' के इर्द-गिर्द शहर में चारों ओर बिखरा होता है एक अनूठा पर्व, 'द फ्रिंज'। फ्रिंज का अर्थ होता है इर्द-गिर्द, तो यह पर्व 'एडिनबर्ग इंटरनेशनल फेस्टिवल' के इर्द-गिर्द बिखरा होता है। 'द फ्रिंज' इसलिये अनूठा है कि इसे विश्व का एकमात्र 'द वर्ल्ड हैज़ गॉट टॅलेंट' शो कहा जा सकता है, या फिर टीवी पर दिखाए जाने वाले समस्त 'एक्स फॅक्टर' या 'टैलेंट शो' का मौलिक स्वरूप। जहाँ 'एडिनबर्ग इंटरनेशनल फेस्टिवल' में मुख्य रूप से ओपेरा, थियेटर, क्लासिकल म्यूज़िक और क्लासिकल डांस का ही प्रदर्शन होता है, वहीं द फ्रिंज में कला के किसी भी रूप के प्रदर्शन की स्वतंत्रता होती है, चाहे वह नाक से बाँसुरी बजाना हो या गालों से तबला बजाना। विश्व भर से अनेकों प्रतिभाएँ इसमें शिरकत करने आती हैं, और साथ ही आते हैं वे डायरेक्टर, प्रोड्यूसर आदि जो अच्छी प्रतिभाओं की खोज में होते हैं। यानी कि आपका टैलेंट किसी बड़े डायरेक्टर/प्रोड्यूसर को जँच गया तो आपकी तो निकल पड़ी।

फ्रिंज फेस्टिवल में अधिकांश प्रदर्शन तो ऐसे होते हैं जिन्हें टिकिट लेकर ही देखा जा सकता है मगर साथ ही होता है एक

'स्ट्रीट फेयर' या 'नुक्कड़ मेला', जहाँ खुले में प्रदर्शन होते हैं। स्ट्रीट फेयर शुरू होता है एक पहाड़ी चट्टान पर बने 'एडिनबर्ग कैसल' या किले से और लगभग एक मील से कुछ ज़्यादा हॉलीरूड पैलेस या रॉयल पैलेस तक फैला होता है। एडिनबर्ग कैसल और रॉयल पैलेस के बीच के इस मार्ग को 'रॉयल माइल' कहा जाता है। रॉयल माइल इसलिये क्योंकि यह लगभग एक स्कॉट्स मील लम्बा है। जी हाँ, स्कॉट्स मील। स्कॉट्स मील, इंग्लिश मील या अंग्रेज़ी मील से भिन्न है। यहाँ पहले स्कॉट्स मील ही चला करता था। स्कॉटलैंड के ब्रिटेन में शामिल होने के कुछ समय बाद स्कॉट्स मील को समाप्त कर यहाँ अंग्रेज़ी मील लागू किया गया। यहीं से पता चला कि स्कॉटलैंड में इंग्लैंड से बहुत कुछ भिन्न है, और बहुत सी ऐसी अंग्रेज़ी चीज़ें लागू हैं जो स्कॉटलैंड वासियों को बेचैन करती रहती हैं।

उस दिन तो पूरी दोपहर और शाम हमने एडिनबर्ग फेस्टिवल का आनंद लिया और अगले दिन हम पहाड़ी चट्टान पर चढ़ कर पहुँच गए एडिनबर्ग कैसल या क़िला देखने। पहाड़ी चट्टान पर बने इस किले से क्षितिज तक फैले और पश्चिमी सिरे पर अटलांटिक महासागर से लिपटते एडिनबर्ग शहर का दृश्य अद्भुत होता है। कहते हैं कि यह पहाड़ी चट्टान लगभग पैंतीस करोड़ साल पहले किसी ज्वालामुखी से निकली थी, यानी कि तब जब धरती पर डाइनॉसॉर भी न हुआ करते थे, और लगभग दो हज़ार साल का मानव इतिहास इस चट्टान पर बैठा हुआ है, जिसमें से लगभग एक हज़ार साल एडिनबर्ग किले में कैद हैं। इसी एक हज़ार साल के इतिहास को देखने हम किले के भीतर जा पहुँचे।

विश्व के अधिकांश मध्ययुगीन इतिहास की तरह ही स्कॉटलैंड का इतिहास भी मानव रक्त से लिपटा और आधुनिक

सभ्यता और स्वतंत्रता के लिये छटपटाता दिखता है। थर्ड वर्ल्ड के अधिकांश देशों की तरह ही स्कॉटलैंड भी अंग्रेज़ी साम्राज्यवाद का शिकार रहा है। ब्रिटेन के पूर्व उपनिवेशों की तरह ही स्कॉटलैंड भी कभी एक स्वतंत्र राज्य हुआ करता था जिसपर अंग्रेज़ी हुकूमत ने बलपूर्वक अधिकार किया था। स्कॉटिश राज्य का गठन वर्ष 843 में सम्राट कैनेथ मैकल्पिन द्वारा हुआ था। लगभग चार सौ वर्षों तक स्कॉटलैंड एक स्वतंत्र और आत्मनिर्भर राज्य रहा, मगर इस दौरान भी अंग्रेज़ी साम्राज्य द्वारा स्कॉटलैंड पर निरंतर आक्रमण होते रहे। इस चार सौ साल के इतिहास में एडिनबर्ग किले का ज़िक्र पहली बार वर्ष 1093 में आता है। ज़िक्र स्कॉटिश सम्राट मेलकम तृतीय और उनकी पत्नी रानी मार्गरेट के परस्पर प्रेम का है। रानी मार्गरेट को उनकी मृत्यु के लगभग डेढ़ सौ साल बाद पोप द्वारा संत की उपाधि दी गई थी। रानी की याद में एक चैपल या पूजा घर किले के भीतर ही बना हुआ है और वह इस किले की सबसे पुरानी इमारत है।

वर्ष 1286 में स्कॉटिश सम्राट एलेक्ज़ेंडर तृतीय की मृत्यु के बाद स्कॉटिश राज्य में उनके उत्तराधिकार का संकट पैदा हुआ। एलेक्ज़ेंडर तृतीय की तीनों संतानों का दुर्भाग्यपूर्ण निधन उनके बचपन में ही हो चुका था। इस परिस्थिति का लाभ उठाते हुए तत्कालीन अंग्रेज़ी सम्राट एडवर्ड प्रथम ने छल और बल द्वारा स्कॉटलैंड पर अधिकार कर लिया। इस 'छल और बल' के दौरान हुई निर्दयता और अमानवीयता की अपनी अलग कहानी है। एडवर्ड प्रथम को 'हैमर ऑफ़ द स्कॉट्स' के नाम से भी जाना जाता है, और यही शब्द उनकी समाधीशिला पर भी खुदे हुए हैं।

एडवर्ड प्रथम के शासन के साथ ही स्कॉटलैंड के स्वाधीनता संघर्ष का इतिहास भी शुरू होता है जो आज इक्कीसवीं सदी तक जारी है। 'स्कॉटिश वॉर्स ऑफ इनडिपेंडेन्स' के इतिहास पर आधारित एक लोकप्रिय बोर्डगेम भी है, जिसका नाम एडवर्ड प्रथम को दिया गया टाइटल यानी 'हैमर ऑफ़ द स्कॉट्स' ही है। 'हैमर ऑफ द स्कॉट्स' की थीम, विश्व प्रसिद्द स्कॉटिश नायक और फ्रीडम फाइटर 'विलियम वॉलेस' के एडवर्ड प्रथम के विरुद्ध विद्रोह और युद्ध की घटनाओं पर आधारित है। विलियम वॉलेस स्कॉटिश स्वाधीनता के प्रयासों के आइकॉन के रूप में जाने जाते हैं। 15 वीं शताब्दी में विलियम वॉलेस के विद्रोह को महिमामंडित करता एक महाकाव्य 'द वॉलेस' लिखा गया था, जिस पर आधारित 1995 में प्रदर्शित फिल्म 'ब्रेवहार्ट' बहुत चर्चित हुई थी। 'ब्रेवहार्ट' के एक्टर और डाइरेक्टर हैं हॉलीवुड के प्रसिद्द अभिनेता मेल गिब्सन। हालाँकि ब्रेवहार्ट के कई दृश्यों की ऐतिहासिक प्रमाणिकता पर प्रश्न उठते रहे हैं परन्तु फिल्म में दर्शाए गए वॉलेस के पराक्रम और बलिदान के दृश्य दर्शकों को काफी रोमांचित करते हैं। फिल्म के अंत में दृश्य है जहाँ वॉलेस के साथी और स्कॉटलैंड के राजा बन चुके 'रॉबर्ट द ब्रूस' को अपनी सेना के साथ अंग्रेज़ी सम्राट एडवर्ड द्वितीय (एडवर्ड प्रथम के पुत्र) के सामने अंग्रेज़ी हुकूमत स्वीकार करनी होती है। मगर तभी रॉबर्ट को वॉलेस के पराक्रम और बलिदान की यादें घेरती हैं और उनसे प्रेरित होकर वह अपनी सेना से तीन गुना बड़ी अंग्रेज़ी सेना को हरा कर स्कॉटलैंड को प्रथम स्वतंत्रता दिलाता है।

रॉबर्ट द ब्रूस के एडवर्ड प्रथम और एडवर्ड द्वितीय के विरुद्ध विद्रोह और युद्ध की अपनी रोचक कहानी है। इसी कहानी के बीच ही 'ब्रूस और मकड़ी' का विश्व प्रसिद्द लेजेंड भी बुना हुआ

है। कहा जाता है कि अपने आरंभिक शासनकाल में अंग्रेज़ों से हारने के बाद ब्रूस ने एक तंग अँधेरी गुफा में शरण ली थी। वहीं उसने एक छोटी मकड़ी को गुफा की दीवार पर जाल बुनते देखा। जाल बुनती हुई मकड़ी बार-बार फिसल कर नीचे गिरती और फिर साहस कर ऊपर चढ़ती। बस इसी से ब्रूस को प्रेरणा मिली 'इफ यू डोंट सक्सीड एट फर्स्ट, ट्राई, ट्राई अगेन' (यदि प्रथम प्रयास में सफल न हो तो बार-बार प्रयास करो)। उसके बाद तो ब्रूस ने विजयी और स्वतंत्र होने की ठान ली और इस पंक्ति को चरितार्थ किया, 'मुश्किल नहीं है कुछ भी अगर ठान लीजिए।'

रॉबर्ट द ब्रूस के स्कॉटिश सम्राट बनने के बाद भी स्कॉटलैंड और इंग्लैंड के बीच सत्ता के संघर्ष होते रहे और अंग्रेज़ों द्वारा स्कॉटलैंड पर वर्चस्व करने के प्रयास चलते रहे। मज़े की बात यह कि इन प्रयासों को विराम तब मिला जब इंग्लैंड एक स्कॉटिश सम्राट के अधीन आया। वर्ष 1503 में स्कॉटिश सम्राट जेम्स चतुर्थ ने इंग्लिश सम्राट हेनरी सप्तम की पुत्री मार्गरिट ट्यूडर से विवाह किया। वर्ष 1603 में अंग्रेज़ी महारानी एलिज़ाबेथ प्रथम, जो कि अविवाहित थीं, की मृत्यु के बाद इंग्लैंड में उनके उत्तराधिकार का संकट पैदा हुआ। एलिज़ाबेथ के फर्स्ट कज़िन और जेम्स चतुर्थ और मार्गरिट ट्यूडर के पड़-पौत्र स्कॉटिश सम्राट जेम्स षष्ठम को उनका उत्तराधिकारी चुना गया। जेम्स षष्ठम की अधीनता में स्कॉटलैंड, इंग्लैंड और आयरलैंड को मिलाकर 'यूनियन ऑफ़ द क्राउन्स' का गठन किया गया। जेम्स षष्ठम को इंग्लैंड में जेम्स प्रथम के रूप में जाना जाता है। जेम्स विश्व प्रसिद्द कवि विलियम शेक्सपियर के पेट्रन या संरक्षक भी थे। जेम्स ईसाई धर्म के प्रोटेस्टेंट मत के अनुयायी थे। जेम्स के खिलाफ कैथोलिक मत के कुछ अनुयायियों ने विद्रोह की योजना बनाई और उनकी हत्या का

षड्यंत्र रचा। इस षड्यंत्र को 'गन पॉवडर प्लॉट' के नाम से जाना जाता है। 5 नवंबर 1605 को गाय फॉक्स नामक व्यक्ति द्वारा 'हाउस ऑफ़ लॉर्ड्स' (ब्रिटिश संसद का अपर हाउस या भारतीय राज्य सभा का समतुल्य) में जेम्स, उनके परिवार और उनके साथियों को गन पॉवडर के धमाके से उड़ा देने की योजना थी। परन्तु गाय फॉक्स पकड़ा गया और योजना विफल रही। इस षड्यंत्र की विफलता का उत्सव ब्रिटेन में हर वर्ष 5 नवंबर को 'बॉनफायर' के रूप में मनाया जाता है। दिवाली की तरह ही इस रात पूरे ब्रिटेन में आतिशबाजी की जाती है और फटाके फोड़े जाते हैं। चूँकि दिवाली भी अक्टूबर-नवंबर में ही आती है इसलिए कई बार बॉनफायर के उत्सव में दिवाली का उत्सव भी शामिल हो जाता है, जो हम जैसे भारतीयों के लिए सुखद होता है। ध्यान देने वाली बात यह भी है कि मानवाधिकारों के आंदोलनों में अग्रणी रहे ब्रिटेन में भी कभी गाय फॉक्स के मानवाधिकारों की तरफ़दारी न हुई। संसद पर हमले का षड्यंत्र रचने वाले गाय फॉक्स को प्रजातंत्र पर हमले का दोषी मानकर हिकारत की दृष्टि से ही देखा गया।

जेम्स का संघ एक आदर्श संघ न बन पाया। स्कॉटलैंड और इंग्लैंड की अपनी-अपनी संसदें बनी रहीं और साथ ही बनी रहीं स्कॉटलैंड और इंग्लैंड के बीच बैर और वैमनस्य की भावनाएँ। जेम्स के वंशजों में संघ के एक अन्य सम्राट जेम्स सप्तम या इंग्लैंड के जेम्स द्वितीय हुए, जो कैथोलिक मत के अनुयायी थे। जेम्स द्वितीय के कैथोलिक प्रभाव के विरुद्ध प्रोटेस्टेंट विद्रोह हुआ, जेम्स को उनकी प्रोटेस्टेंट पुत्री मैरी और दामाद विलियम तृतीय द्वारा विस्थापित किया गया और साथ ही समाप्त हुआ संघ पर स्कॉटलैंड का प्रभुत्व।

वर्ष 1707 में इंग्लैंड, स्कॉटलैंड और वेल्स को मिलाकर 'किंग्डम ऑफ़ ग्रेट ब्रिटेन' का गठन किया गया। जेम्स द्वितीय के वंशज इसका निरंतर विरोध करते रहे मगर कुछ खास हासिल न हुआ। वर्ष 1800 में 'किंगडम ऑफ़ ग्रेट ब्रिटेन' को 'किंग्डम ऑफ़ आयरलैंड' के साथ मिलाते हुए 'यूनाइटेड किंग्डम ऑफ़ ग्रेट ब्रिटेन' का गठन हुआ जिसका स्वरुप आज भी 'यूनाइटेड किंग्डम' के रूप में ही बना हुआ है, और साथ ही बना हुआ है स्कॉटलैंड में स्वाधीनता या 'होम रूल' का आंदोलन।

हालाँकि 20 वीं सदी में स्कॉटलैंड और इंग्लैंड के बीच बैर और वैमनस्य की भावनाएँ भी काफी कम हुईं। स्कॉटिश नागरिकों की कई पीढ़ियों में स्वाधीनता की ललक भी कमज़ोर हुई। मगर 90 के दशक में आई फिल्म 'ब्रेवहार्ट' ने पुरानी यादों को कुरेदा और स्वतंत्रता की भावनाएँ एक बार फिर प्रबल हुईं, खासतौर पर नई पीढ़ी के बीच। 90 के दशक की स्कॉटिश पीढ़ी को 'ब्रेवहार्ट जनरेशन' का नाम दिया गया है। वर्ष 2014 में स्कॉटलैंड को जनमत संग्रह कर स्वतंत्रता चुनने का अवसर दिया गया था, जिसे स्कॉटिश जनता ने थोड़े कम अंतर से ही सही पर नकार दिया। किंतु यदि मतदान के नमूनों को परखा जाए तो पता चलता है कि जहाँ अधिकांश बुजुर्गों ने स्वतंत्रता के विरुद्ध मत दिया, वहीं अधिकांश युवाओं ने स्वतंत्रता के पक्ष में। विशेषकर 16 से 17 वर्ष के मतदाताओं में 70% से अधिक ने स्वतंत्रता को चुनना पसंद किया था। इसे देखते हुए तो यही लगता है कि, हालाँकि 2014 में हुए जनमत संग्रह ने स्कॉटिश स्वतंत्रता के विकल्प को नकार दिया है, मगर स्कॉटिश स्वतंत्रता का आंदोलन अभी भी पूरी तरह मरा नहीं है। ब्रेक्सिट यानी ब्रिटेन के यूरोपियन संघ से बाहर निकलने के बाद स्कॉटिश युवा एक बार फिर स्वतंत्रता के लिए छटपटा रहा है

क्योंकि वह अपना भविष्य ब्रिटेन से कहीं अधिक उज्ज्वल यूरोपियन संघ के साथ पाता है। अब तो प्रश्न यह नहीं है कि स्कॉटलैंड स्वतंत्र होता है या नहीं, प्रश्न यह है कि कब।

परदेस में बरसा सावन, महकी याद वतन की

भारत में सावन मास समाप्त हो चुका था, किंतु ब्रिटेन में ग्रीष्म ऋतु ही थी। वैसे आषाढ़, सावन, भादो आदि भारत के लिए ही होते हैं जहाँ मानसून आता है। यहाँ ब्रिटेन में तो बारह महीनों सावन ही रहता है। शायद ही कोई ऐसा सप्ताह निकलता है जिसमें बारिश नहीं होती हो। यदि एक दो सप्ताह चिलचिलाती धूप निकल आए तो काले मेघों को बेचैनी होने लगती है और वे उमड़-घुमड़कर वर्षा की फुहारें बरसाने लगते हैं। मगर कभी-कभी अपवाद भी होता है। ग्लोबल वार्मिंग का असर अब यूँ है कि कभी कई हफ्ते बिना बारिश के निकल जाते हैं। इन हफ़्तों में गर्मी भी खूब पड़ती है। हालाँकि भारत के जेठ मास की गर्मी की तुलना में यह गर्मी हल्की ही होती है मगर ब्रिटेन में इसे हीट वेव ही कहा जाता है, यानी अंग्रेज़ों के हिसाब से यहाँ लू चल रही होती है। भारत से आए हुए हम जैसे प्रवासियों को यह गर्मी तंग नहीं करती। ऐसा मौसम तो न सिर्फ अपने देश की याद दिलाता है बल्कि ब्रिटेन से लगाव भी बढ़ा देता है।

वैसे तो ब्रिटेनवासी साल भर ग्रीष्म ऋतु की प्रतीक्षा करते हैं। ठंडी आबोहवा वाले देश ब्रिटेन में गर्मी का मौसम ही आउटडोर क्रिया-कलापों के लिए उचित रहता है, चाहे वह खेल-कूद हो या रोमांस। किशोर-किशोरियों और युवक-युवतियों के कम और छोटे कपड़े पहनने का शौक भी इसी मौसम में पूरा होता है और उनके सुडौल अंगों के दर्शन का लाभ भी, औरों को इसी मौसम में प्राप्त

होता है। कुल मिलाकर ग्रीष्म ऋतु ब्रिटेन में हर्ष और उल्लास लेकर आती है।

हमारे भारत में कम और छोटे कपड़ों के शौक और फैशन को पश्चिमी देशों की देन माना जाता है। निश्चित रूप से यह शौक और फैशन तो पश्चिमी देशों से ही आया है मगर ऐसा भी नहीं है कि पश्चिम के प्रभाव के पहले भारत में कम और छोटे कपड़े पहनने का चलन नहीं था। यदि देखा जाए तो सच्चाई आम मान्यता के बिल्कुल विपरीत है। वे पश्चिमी अंग्रेज़ ही थे जिन्होंने भारत में तन ढकने की परंपरा डाली, वरना ऊष्ण जलवायु वाले भारतीय उपमहाद्वीप में शरीर को पूरा ढकने की परंपरा कुछ ख़ास स्थानों और समुदायों तक ही सीमित थी। अधिकांश भारतीय कम कपड़ों में ही सहज रहते थे और कपड़ों के प्रकार और लम्बाई को शालीनता से जोड़कर नहीं देखा जाता था। प्राचीन भारत के ऐतिहासिक साक्ष्यों पर नज़र डालें तो पता चलता है कि मौर्य वंश से लेकर गुप्त वंश तक पुरुष और स्त्री दोनों ही के तन पर बहुत कम लिबास होता था। सिले हुए कपड़े पहनने का चलन नहीं था और वे तन पर कपड़े सिर्फ लपेट या टांक लेते थे। सिले हुए कपड़े पहनने का चलन मध्ययुग में मुग़ल या उनके पहले के मुस्लिम आक्रान्ताओं के साथ ही आया। मुग़लों का प्रभाव भी कुछ विशेष समुदायों तक ही सीमित रहा। मुस्लिम महिलाएँ कमोबेश अपने तन को ढँक लिया करती थीं। अन्य समुदाय इस मामले में उदार ही रहे। मगर शीतल जलवायु और विक्टोरियन लज्जायुक्त संस्कृति से आए अंग्रेज़ों को भारतीय महिलाओं के अंगों की दिखावट रास नहीं आई। भारतीयों के पहनावे उन्हें उनकी अभिजात्य शालीनता के अनुरूप नहीं लगे। उन्होंने उनके अधीन काम करने वाले और उनके साथ सामाजिक सम्बंध बनाने वाले भारतीयों के पहनावे बदलवाने

शुरु कर दिए। धीरे-धीरे इसका प्रभाव लगभग पूरे भारत में पड़ने लगा। पतलून, ब्लाउज और पेटीकोट जैसे लिबास तभी से चलन में आए।

खैर यह तो बात हुई कपड़ों की। अब वापस आते हैं ग्रीष्म ऋतु पर। कुछ वर्ष पहले ऐसी ही हीट वेव ब्रिटेन में चली। डेढ़ महीनों तक बारिश न हुई। गर्मी और चिलचिलाती धूप से पूरा ब्रिटेन त्रस्त था। डेढ़ महीने बाद इंद्रदेव की कृपा दृष्टि हुई। दो दिनों तक झमझमा कर बारिश हुई। हीट वेव से पीली पड़ चुकी दूब फिर से हरी हुई। एक खास बात और महसूस हुई। पहली बार ब्रिटेन में देखा कि बारिश हुई तो मिट्टी से सुगंध उठी। मोहसिन भोपाली का शेर है-

"रोक सको तो पहली बारिश की बूँदों को तुम रोको,
कच्ची मिट्टी तो महकेगी, है मिट्टी की मजबूरी।"

ब्रिटेन की मिट्टी को पहली बार इस खूबसूरत मजबूरी में देखा। मिट्टी की महक साँसों में घुली तो अपने देश की मिट्टी याद आ गई। अपने देश के आषाढ़ और सावन याद आ गए। अपने छत्तीसगढ़ के सवनाही गीत याद आ गए। ब्रिटेन के मौसम में तो खैर आषाढ़ और सावन का कोई महत्त्व नहीं है मगर वर्षा से जुड़े लोकगीत यहाँ भी कम नहीं गाए जाते। मगर जहाँ नौ महीने मानसून की बाह जोटने वाले भारतवर्ष में वर्षा के स्वागत और अभिनन्दन के मंगलगान गाए जाते हैं, वहीं बारह महीने टिपटिपाती बारिश से खिन्न ब्रिटेन में वर्षा के लोकगीत भी अक्सर उदासी और अवसाद के गीत होते हैं जो कभी-कभी शोक और विषाद की तान भी ले लेते हैं। शोक और विषाद की ऐसी ही तान लिए ब्रिटेन के उत्तरी भाग में फैले नार्थ अम्ब्रिया इलाके का एक लोकगीत है,

'ड्रेडफुल विंड एँड रेन'। यह गीत बैलड (गाथागीत) शैली में गाया जाता है। यह लोकगीत और इसकी गाथा नार्थ अम्ब्रिया से निकलकर पहाड़ों, नदियों और समुद्रों को पार कर पूरे विश्व में इतनी प्रसारित हो चुकी है कि इसके पाँच सौ से अधिक संस्करण बन चुके हैं, जिनमें इक्कीस संस्करण सिर्फ अंग्रेज़ी में और लगभग एक सौ पच्चीस संस्करण स्वीडिश भाषा में हैं।

यह लोकगीत कितना पुराना है इसका तो कोई विशेष अनुमान नहीं है मगर इस गीत के बोल सबसे पहले 'द मिलर एँड द किंग्स डॉटर' नाम के संस्करण के रूप में वर्ष 1656 में छपे थे। मगर इस गीत का सबसे अधिक प्रसिद्ध अंग्रेज़ी संस्करण 'द टू सिस्टर्स' नाम से है। मूलरूप से यह लोकगीत दो बहनों की गाथा है जो एक ही युवक के प्रेम में हैं। जैसा कि आमतौर पर होता है कि यदि दो बहनें एक ही युवक से प्रेम करती हों तो उस युवक को छोटी बहन ही अधिक पसंद आती है। इस गीत की गाथा में भी ऐसा ही कुछ है। अपने प्रेमी को अपनी छोटी बहन पर आसक्त होता देख, बड़ी बहन ईर्ष्यावश छोटी बहन को पानी में डुबाकर उसकी निर्मम हत्या कर देती है। छोटी बहन से छुटकारा पाने के बाद, बड़ी बहन उसके प्रेमी को अपने साथ शादी करने के लिए राज़ी कर लेती है। कहानी रोचक मोड़ तब लेती है जब एक व्यक्ति छोटी बहन की मृत देह की हड्डियों और बालों से हार्प (एक वाद्य यंत्र) बनाता है। जब यह वाद्य यंत्र बड़ी बहन और उस प्रेमी के विवाह में ले जाया जाता है तो जादुई रूप से वह अपने-आप बजना शुरु हो जाता है और छोटी बहन की हत्या की पूरी कहानी सुनाता है।

'ड्रेडफुल विंड एँड रेन' या 'द टू सिस्टर्स' लोकगीत इतना लोकप्रिय रहा है कि अमेरिका के प्रसिद्ध लोकगीत शास्त्री फ्रांसिस जेम्स चाइल्ड द्वारा संकलित चाइल्ड बैलड के नाम से प्रसिद्द 305 लोक बैलड के संकलन में इस लोकगीत के अंग्रेज़ी के सभी इक्कीस संस्करण शामिल हैं। चाइल्ड के संकलन में इस गीत के जो संस्करण हैं उनमें कइयों में कहानी सिर्फ हार्प (वाद्य यंत्र) द्वारा छोटी बहन की हत्या की कहानी बताने पर ही समाप्त नहीं होती बल्कि इन संस्करणों में बड़ी बहन को अपने दुष्कर्म का फल भी उसी निर्मम रूप में मिलता है। किसी संस्करण में वह प्रेमी युवक द्वारा छुरे के प्रहार से मारी जाती है, किसी संस्करण में वह जलाकर मार दी जाती है तो किसी संस्करण में हार्प इस गति से और ऊँची ध्वनि में बजता है कि बड़ी बहन के हृदय में विस्फोट होकर उसके टुकड़े-टुकड़े हो जाते हैं।

एक तरफ इस गीत के सैंकड़ों बैलड संस्करण अलग-अलग धुनों पर सज चुके हैं तो दूसरी ओर इस गीत की गाथा कई अन्य माध्यमों के ज़रिये भी प्रसारित हो चुकी है। प्रसिद्द जर्मन लोकगाथा 'द सिंगिंग बोन' में यह कहानी थोड़ी परिवर्तित होकर दो भाइयों की कहानी बन जाती है। पोलिश ट्रेजेडी 'बैलाडायना' में कहानी रूपांतरित होकर एक लम्बी नाट्य रचना का रूप ले लेती है। इनके अतिरिक्त इस कहानी पर ओपेरा और एक फिल्म भी बन चुकी है।

आखिर एक ही कहानी के इतने संस्करण और रूप इतने प्रचलित और लोकप्रिय क्यों हैं? दरअसल यह कहानी न सिर्फ मनुष्य का वह पक्ष दिखाती है जो कभी ईर्ष्यावश, कभी घृणावश तो कभी भयवश इतना कुरूप हो जाता है कि अमानुष होकर एक

निर्मम हत्यारे का रूप ले लेता है, बल्कि यह भी बताती है कि उस ईर्ष्या, घृणा या भय के मूल में उस व्यक्ति का प्रेम से वंचित हो जाना होता है। यह कहानी बताती है कि प्रायः प्रेम से वंचित मनुष्य ही अपराधी और हत्यारा बनता है। लोक गीत और लोक गाथाएँ मनुष्य के सामूहिक अवचेतन के द्वारा सृजित रचनाएँ होती हैं। विश्व के अलग-अलग हिस्सों में और अलग-अलग समय में रचे लोक गीतों और लोक गाथाओं में आश्चर्यजनक समानता होती है। मनुष्य गीत और गाथाएँ रचता है ताकि मानव समाज उन्हें दोहरा सके, उनके ज़रिए जीवन के यथार्थ से परिचित हो सके, जीवन के आदर्श अपना सके। उनके असंख्य संस्करणों से हमें बस उतना ही चकित होना चाहिए जितना कि हम किसी चेहरे के अनेक रूपों को देखकर चकित होते हैं।

अंग्रेज़ी ज़ुबान में हिन्दुस्तानी अल्फाज़-हॉब्सन-जॉब्सन

कुछ समय बाद हमारी आईटी कंपनी ने एक क्विज़ प्रतियोगिता का आयोजन किया। प्रतियोगिता में ब्रिटेन और भारत से जुड़े सामान्य ज्ञान के प्रश्न पूछे जाने वाले थे। मैंने भी उस प्रतियोगिता में हिस्सा लिया यह सोच कर कि, एक भारतीय होने के नाते कम से कम भारत से जुड़े प्रश्नों के उत्तर तो मुझे पता ही होंगे। इस बीच ब्रिटेन के बारे में भी बहुत कुछ जान चुका था। सो क्विज़ प्रतियोगिता में कोई न कोई इनाम हासिल कर लेने की अच्छी संभावना थी।

प्रतियोगिता में एक बड़ा आसान सा प्रश्न पूछा गया, “अंग्रेज़ी के ‘फॉरेन’ शब्द को हिंदी में क्या कहते हैं?”

इस मौके को भला मैं कैसे छोड़ सकता था। तुरंत ही बज़र दबाते हुए मैंने कहा, “विदेश”।

मगर प्रश्नकर्ता के चेहरे के भावों से ऐसा लगा मानो वह मेरे उत्तर से संतुष्ट न हो। मुझे बड़ा आश्चर्य हुआ। भला मेरा उत्तर गलत कैसे हो सकता है? यकीनन फॉरेन को हिंदी में विदेश ही कहते हैं। कहीं क्विज़ मास्टर ने अमरीश पुरी पर फिल्माए गीत ‘आई लव माय इंडिया’ को देख कर प्रश्न का उत्तर ‘परदेस’ तो नहीं सोच लिया?

इससे पहले कि मैं कोई तकरार करता क्विज़ मास्टर ने मुझे बताया कि, जिस उत्तर की उसे अपेक्षा थी वह था, ‘विलायत’।

'धत्त तेरे की', उसके बाद कुछ वक्त मुझे उसे हिंदी और उर्दू के बीच के फ़र्क को समझाने और विलायत शब्द के अरबी मूल की जानकारी देने में बीता। मगर तटस्थ होकर सोचने पर मुझे लगा कि वह कुछ गलत भी नहीं था। आज भी अंग्रेज़ तो यही जानते हैं कि हम हिन्दुस्तानी इंग्लैंड को विलायत और अंग्रेज़ों को विलायती कहते हैं। भारत पर अंग्रेज़ी राज के दौरान भारत में रहने वाले अंग्रेज़ खुद इसी शब्द का इस्तेमाल किया करते थे और इंग्लैंड को विलायत और खुद को विलायती कहते थे। जब कोई अंग्रेज़ भारत से ब्रिटेन आने वाला होता तो वह कहता, "आई ऍम गोइंग बैक टू विलायत।"

यही विलायत अंग्रेज़ी उच्चारण में बिगड़ कर 'ब्लाईटी' हो गया और इंग्लैंड के लिए इस्तेमाल किये जाने वाला एक पॉपुलर स्लैंग बन गया। आज भी जब कोई अंग्रेज़ विदेश घूम कर वापस ब्रिटेन लौटता है तो कहता है, "ग्लैड टू बी बैक टू ब्लाईटी,", यानी मैं वापस विलायत आकर खुश हूँ।

अंग्रेज़ी राज के शुरुआती दौर में अंग्रेज़ भारत और भारतीयता से बड़े प्रभावित थे। भारतीय संस्कृति की चमक-दमक उन्हें बेहद लुभाती थी। इसी चमक-दमक के असर में वे बड़ी आतुरता से भारतीयता अपनाने लगे थे। हिन्दुस्तानी शब्द उनकी ज़ुबान पर चढ़े रहते। मगर अंग्रेज़ी उच्चारण के असर में वे थोड़े बिगड़ भी जाते, जैसे कि शरबत 'सोर्बेट' हो गया और बरामदा 'वरांडा' हो गया। ऐसे ढेरों शब्द अंग्रेज़ों की ज़ुबान पर चढ़ कर अंग्रेज़ी ज़ुबान का हिस्सा होते गए। जैसा कि मैंने पहले ज़िक्र किया कि प्रसिद्द अंग्रेज़ी लेखक विलियम डालरिम्पल की पुस्तक 'वाइट मुग़ल' में इस बात के विस्तृत विवरण मिलते हैं कि अठारहवीं सदी

और उन्नीसवीं सदी के पूर्वार्ध में ईस्ट इंडिया कंपनी के अंग्रेज़ मुलाज़िम बड़ी आतुरता से भारतीयता अपनाने लगे थे। अंग्रेज़ों को भारतीय संस्कृति से दूर करने का प्रयास विक्टोरियन युग में आरंभ हुआ, विशेषकर 1857 की क्रांति के बाद, जब ब्रिटेन में बैठे अंग्रेज़ों ने भारत पर शासन करने की नई राजनीति बनाई जिसमें भारतीय संस्कृति और सभ्यता को तुच्छ बताकर और ब्रिटिश संस्कृति की श्रेष्ठता जताकर भारतीयों को मानसिक रूप से ग़ुलाम बनाने की नीति बनी।

सन 1872 में दो ब्रिटिश व्यक्तियों ने ऐसे तमाम हिन्दुस्तानी शब्दों और मुहावरों का एक शब्दकोश बनाना शुरू किया जो अंग्रेज़ी भाषा में प्रयुक्त होने लगे थे। कर्नल हेनरी यूल और ए सी बर्नेल भारत में अंग्रेज़ी सरकार के मुलाज़िम थे। हेनरी यूल की फ़ारसी और अरबी साहित्य में खासी दिलचस्पी थी और बर्नेल एक भाषाविद और संस्कृत के विद्वान् थे। शब्दकोश इस मामले में ख़ास है कि उसमें सिर्फ शब्दों के अर्थ और उनकी व्युत्पत्ति की जानकारी ही नहीं बल्कि उन शब्दों के साहित्यिक उपयोग के ढेरों उल्लेख भी हैं। इस शब्दकोश को नाम भी बड़ा मज़ेदार सा दिया गया, 'हॉब्सन-जॉब्सन'। हॉब्सन-जॉब्सन खुद इस तरह का हिन्दुस्तानी से लिया हुआ एक शब्द है जिसका अंग्रेज़ी में अर्थ होता है, उत्सव या मनोरंजन। मज़ेदार बात यह कि हॉब्सन-जॉब्सन शिया मुस्लिम पर्व मुहर्रम पर किये जाने वाले विलाप 'या हसन, या हुसैन' का अपभ्रंश है। कहते हैं कि इस शब्दकोश यानी हॉब्सन-जॉब्सन के संकलन के दौरान हेनरी यूल ने मुहर्रम के एक जलसे में कुछ अंग्रेज़ युवकों को जो शायद धर्म परिवर्तन कर शिया मुस्लिम हो चुके थे, 'या हसन, या हुसैन' का विलाप करते सुना जो उन्हें हॉब्सन-जॉब्सन सुनाई पड़ा। उन्हें यह 'हॉब्सन-जॉब्सन' उनके

शब्दकोश के लिए बड़ा ही माकूल नाम लगा क्योंकि यह नाम उनके शब्दकोश के चरित्र से बिल्कुल मेल खाता था, विचित्र और अनूठा।

हॉब्सन-जॉब्सन के प्रकाशन के तुरंत बाद ही हॉब्सन-जॉब्सन इस किस्म के शब्दों के लिए एक विशेषण बन गया और साथ ही बना 'लॉ ऑफ़ हॉब्सन-जॉब्सन' या 'हॉब्सन-जॉब्सन का नियम', जो एक भाषा से दूसरी भाषा में लिए गए शब्दों और उनके उच्चारण में बदलाव की प्रक्रिया को परिभाषित करता है। 'हॉब्सन-जॉब्सन' शब्दों का अंग्रेज़ी साहित्य में भी खूब प्रयोग हुआ है, भारतीय मूल और अंग्रेज़ी मूल के लेखकों दोनों के ही द्वारा। ब्रिटिश प्ले राइटर टॉम स्टौपर्ड के नाटक 'इंडिया इंक' में एक मज़ेदार दृश्य है जिसमें दो चरित्र फ्लोरा और नीरद के बीच अधिक से अधिक हॉब्सन-जॉब्सन शब्दों को एक ही वाक्य में बोलने की होड़ लगती है-

फ्लोरा- "वाईल हैविंग टिफ़िन ऑन द वरांडा ऑफ़ माय बंगलो आई स्पिल्ल्ड केजरी (खिचड़ी) ऑन माय डंगरीज़ (डेनिम की जीन्स) एँड हैड टू गो टू द जिमखाना इन माय पजामाज़ लूकिंग लाइक ए कुली"

नीरद- "आई वास बाइंग चटनी इन द बाज़ार वेन ए ठग हू हैड एस्केप्ड फ्रॉम द चौकी रैन अमोक एँड किल्ड ए बॉक्सवाला फॉर हिस लूट क्रिएटिंग ए हल्लाबलू एँड लैंडिंग हिमसेल्फ इन द मलागटानी (भारतीय मसालों से बना चिकन सूप)

एक दिलचस्प बात यह भी है कि हॉब्सन-जॉब्सन का संकलन ब्रिटिश राज के उस विक्टोरियन युग में हुआ था जब अंग्रेज़ों द्वारा भारतीयों पर ब्रिटेन की नस्लीय और सांस्कृतिक श्रेष्ठता को स्थापित करने के संकल्पित प्रयास किये जा रहे थे।

हॉब्सन-जॉब्सन पर भी इस नस्लीय भेदभाव का स्वाभाविक शिकार होने के आरोप लगते रहे हैं। हॉब्सन-जॉब्सन की प्रस्तावना की पहली पंक्ति ही कहती है, 'भारतीय मूल के शब्द एलिज़ाबेथ के शासन के समाप्त होने के बाद से ही अंग्रेज़ी भाषा में घुसपैठ करने के लिए लालायित रहे हैं और अंग्रेज़ी साहित्य में प्रवेश की प्रतीक्षा करते रहे हैं।'

प्रसिद्ध लेखक नीरद सी चौधरी के शब्दों में, "हॉब्सन-जॉब्सन, उस ब्रिटिश राज और भारत और ब्रिटेन के बीच के उस सम्बंध का विवरण देता है जो एक ही समय में नेक और क्षुद्र, जटिल और साधारण, निष्ठुर और दयनीय और हास्यास्पद और दुखद रहा है।"

हॉब्सन-जॉब्सन के प्रकाशन के लगभग एक शताब्दी बाद वर्ष 1982 में एक अन्य ब्रिटिश मूल के व्यक्ति नाइजेल हैन्किन को एक ऐसा ही शब्दकोश बनाने का विचार आया, जिसे उन्होंने हॉब्सन-जॉब्सन की तर्ज़ पर नाम दिया हैन्क्लिन-जैन्क्लिन। हैन्किन वर्ष 1945 में ब्रिटिश आर्मी में कप्तान के पद पर भारत आए थे। मगर उन्हें भारत से इतना लगाव हो गया कि वे भारत की आज़ादी के बाद भी ब्रिटेन नहीं लौटे और भारत की मिटटी में ही रम गए। हैन्किन को हैन्क्लिन-जैन्क्लिन का विचार तब आया जब दिल्ली के ब्रिटिश उच्चायुक्त में ब्रिटेन से कुछ दिन पहले ही आए एक डॉक्टर ने उन्हें किसी भारतीय अंग्रेज़ी अखबार में से ऐसे बीस-पच्चीस शब्दों की सूची निकाल कर दी जिसका अर्थ उन्हें समझ नहीं आ रहा था, जैसे कि 'ईव टीज़िंग', जो खासतौर पर यौन-उत्पीड़न के लिए भारतीय उपमहाद्वीप में ही उपयोग होता है। हॉब्सन-जॉब्सन की तरह ही हैन्क्लिन-जैन्क्लिन भी सिर्फ एक

शब्दावली ही नहीं है बल्कि उन समस्त प्रथाओं और परम्पराओं का विवरण भी है जो उन शब्दों से जुड़े हैं।

वर्ष 1992 में प्रकाशित हुआ शब्दकोश हैन्क्लिन-जैन्क्लिन विक्टोरियन युग के ठग लुटेरों के बारे में एक दिलचस्प जानकारी देता है जिनके आतंक ने अंग्रेज़ों की नाक में दम कर रखा था। अंग्रेज़ी शासन द्वारा ठगों के आतंक पर लगाम मेजर-जनरल विलियम स्लीमन के प्रयासों से लगाई गई थी। ठगों के आतंक से सबसे अधिक प्रभावित मध्यभारत के जंगली इलाके में इन्हीं जनरल स्लीमन ने एक ठगी समस्या मुक्त गाँव बसाया जिसका नाम स्लीमनाबाद रखा गया। मध्यप्रदेश के कटनी शहर के पास बसे स्लीमनाबाद में आज भी मेजर स्लीमन की याद में एक ऊँचा स्मारक है। कहते हैं कि संतानविहीन मेजर स्लीमन को पास ही बसे कोहका के एक हिंदू धर्म स्थल पर औलाद की मन्नत मांगने जाना पड़ा था और अपनी मन्नत पूरी होने के बाद के बाद ही उन्होंने इस गाँव को बसाने का निर्णय किया था। दिलचस्प बात यह भी है कि मेजर स्लीमन के पोते और परपोते आज भी इस गाँव जो अब एक क़स्बा बन चुका है, से जुड़े हुए हैं और ख़ास त्योहारों पर यहाँ ज़रूर आते हैं।

हैन्क्लिन-जैन्क्लिन के पन्ने पलटते हुए आपको यह भी पता चलता है कि शब्द प्रीपोन जो कि पोस्टपोन का विपरीत है आधुनिक भारतीय अंग्रेज़ी की ही देन है। हैन्क्लिन-जैन्क्लिन बैंगन के लिए भारतीय उपमहाद्वीप में प्रयुक्त अंग्रेज़ी शब्द ब्रिन्जाल के सन्दर्भ में भी दिलचस्प जानकारी देता है। बैंगन को ब्रिन्जाल भारतीय उपमहाद्वीप में ही कहा जाता है। ब्रिटेन में उसे ऑबरजीन कहा जाता है। मज़े की बात यह कि ऑबरजीन हिंदी के बैंगन से ही

बना है। इससे भी अधिक मज़े की बात यह है कि हिंदी का बैंगन अरबी में 'अल-बैदिनजान' होते हुए, फारस और फ्रांस से होकर अंग्रेज़ी में ऑबरजीन बना और वही ऑबरजीन (बैदिनजान) पुर्तगालियों द्वारा वापस भारत लाकर ब्रिंजाल बना। मतलब दुनिया गोल ही है।

एक और दिलचस्प बात, नाइजेल हैन्किन हैन्क्लिन-जैन्क्लिन में कहते हैं कि भारत में पैसेंजर या यात्री ट्रेन उसे कहते हैं जिसमें यात्रा करने से अधिकाँश यात्री बचना चाहते हैं। नाइजेल हैन्किन ने वर्षों भारत में एक टूरिस्ट गाइड की तरह भी काम किया है जो भारत आने वाले विदेशी पर्यटकों को हिंदी के प्रचलित शब्दों से परिचित भी कराया करते थे। एक बार नाइजेल हैन्किन से पूछा गया कि, भारत आने वाले विदेशी पर्यटकों को हिंदी के किन शब्दों से सबसे पहले परिचित होना चाहिए तो उन्होंने कहा, सबसे पहले तो उन्हें 'चलो' शब्द सीखना चाहिए जो तंग कर रहे भिखारियों को आगे बढ़ाने में बहुत काम आता है।

अंग्रेज़ी मुल्क में कितना रोमांस है?

जब कभी भारत और ब्रिटेन की तुलना हो तो एक मज़ेदार बात कही जाती है, 'इन ब्रिटेन यू कैन किस इन पब्लिक बट कैन नॉट पिस इन पब्लिक, इन इंडिया यू कैन पिस इन पब्लिक बट कैन नॉट किस इन पब्लिक' (ब्रिटेन में आप सार्वजानिक रूप से चुंबन ले सकते हैं, किंतु सार्वजानिक रूप से पेशाब नहीं कर सकते। भारत में आप सार्वजानिक रूप से पेशाब कर सकते हैं, किंतु सार्वजानिक रूप से चुंबन नहीं ले सकते)।

पिछले आठ-दस वर्षों में भारत में जिस प्रकार पुरातनपंथी हिंदुत्ववादी विचारधारा ने सामजिक जड़ें जमाई हैं उसमें यह कथन मात्र एक मज़ाक ही नहीं बल्कि एक कटु सामाजिक सत्य भी बन चुका है। वैसे मात्र एस्थेटिक्स के स्तर पर देखा जाए तो चुम्बन का दृश्य काफ़ी मनोहर और आकषर्क होता है और सार्वजनिक स्थल पर किसी को मूत्र विसर्जित करते देखना प्रायः भद्दा ही लगता है। चुम्बन के ये मनोहर, आकर्षक और उत्तेजक दृश्य आपको ब्रिटेन में सार्वजनिक तौर पर कहीं भी देखने मिल सकते हैं। ट्रेन में, बस में, कैफ़े में, रेस्टोरेंट में, बाग़-बगीचे में या रास्ते चलते हुए सड़कों के किनारे, प्रेमी युगल अपने पारस्परिक आकर्षण का कामुक प्रदर्शन करने से परहेज़ नहीं करते। वैसे कहा जाता है कि पश्चिमी यूरोप के अन्य देशों की तुलना में ब्रिटिश कहीं अधिक संकोची और रूढ़िवादी हैं, और मेरा व्यक्तिगत अनुभव भी यही कहता है, मगर तुलना यदि भारत से हो तो यौन अभिव्यक्ति के मामले में ब्रिटिश काफी अधिक उदार हैं।

भारतीय उपमहाद्वीप में यौन उन्मुक्तता को पश्चिमी देशों की देन माना जाता है। आम धारणा यही है कि यौन उन्मुक्तता पश्चिम की पहचान है और प्रेम, प्रणय या यौन प्रसंगों में संकोच और लज्जा भारतीयता का परिचय है। कम से कम हिन्दुत्ववादी संगठनों के कर्णधार तो यही मानते और मनवाना चाहते हैं। वर्ष 1968 में आई हिंदी फिल्म 'औलाद' में मेहमूद और अरुणा ईरानी पर फिल्माया यह गीत भी कुछ ऐसा ही कहता है, "जोड़ी हमारी जमेगा कैसे जानी, हम लड़का अंग्रेज़ी तुम लड़की हिंदुस्तानी"। इस गीत की दो पंक्तियाँ हैं, "अंग्रेज़ी मुल्क में कितना रोमांस है, बाहर का छोकरी कितना एडवांस है"।

मगर यदि सात या आठ दशक पीछे जाएँ तो पाएँगे कि मामला कुछ अलग ही था और अंग्रेज़ी मुल्क का छोकरी इतना एडवांस भी नहीं होता था। वर्ष 1951 में ब्रिटेन के दक्षिण-पूर्वी समुद्र तटीय शहर क्लैटोन-ऑन-सी में हुए एक 'पर्सनालिटी गर्ल ऑफ़ द वीक' प्रतियोगिता की विजेता से उसके जीवन की महत्वाकांक्षा पूछी गई तो उसने गर्व से मगर कुछ लजाते हुए उत्तर दिया, "मेरे जीवन की महत्वाकांक्षा पहले ही पूरी हो चुकी है, विवाह के रूप में"। उसके यह कहते ही दर्शकदीर्घा से तालियों का ऐसा शोर उभरा जैसे उसने यह कह कर पूरे राष्ट्र को गौरवान्वित किया हो।

पचास के दशक का ब्रिटेन आज के भारत की तरह ही पारिवारिक मूल्यों वाला समाज था। एक सुयोग्य वर ढूँढकर उसके साथ विवाह के पवित्र बंधन में बंध जाना, बस यही किसी पुत्री से उसके माता-पिता की सबसे बड़ी अपेक्षा होती। ससुराल और पति की अपेक्षा भी यही होती कि वह दो-चार प्यारे बच्चे पैदा कर वंश

का नाम आगे बढ़ाए, घर संभाले और परिवार में रम जाए। महिलाओं की व्यावसायिक महत्वाकांक्षाएँ बहुत मायने न रखती और तलाक़ या पुनर्विवाह बुरे समझे जाते। रोमांस यूँ माहौल में बिखरा न होता और यौन या प्रणय प्रसंग बहुधा बंद दरवाज़ों के पीछे ही होते। और जिस बात पर समाज और धर्मगुरुओं की सबसे अधिक गाज गिरती वह थे विवाहेतर संबंध। पति-पत्नी का एक दूसरे के प्रति समर्पण और बच्चों की अच्छी परवरिश ही पारिवारिक मूल्यों की आधारशिला होती। और यदि दुर्भाग्यवश पति का किसी अन्य स्त्री से सम्बंध हो तो पत्नी बीवी नंबर वन की तरह स्वयं को यही दिलासा देती, मन मत हार, कुछ दिनों में वह वापस लौट ही आएगा। परिवार और मित्र भी उसे यही सलाह देते, 'कुछ नए कपड़े खरीदो, बालों को घुंघराले करो और खुद को अधिक आकर्षक बनाओ। पति जब रीझेगा, तभी ठहरेगा।'

यदि सेक्स के मामले में ब्रिटिश औरतें संयमी थीं तो मर्द भी काफी संकोची थे। ब्रिटिश मर्दों के इस संकोची स्वभाव को पचास और साठ के दशक के प्रसिद्ध कॉमिक आर्टिस्ट बेनी हिल अपने प्रदर्शनों में बखूबी दिखाते। उनके प्रदर्शनों में इस तरह के मज़ेदार दृश्य होते जिसमें ब्रिटिश पुरुष महिलाओं को तिरछी नज़रों से चोरी-छुपे ताकते मगर जैसे ही कोई महिला उनके करीब आती तो वे शरमा या घबराकर भाग खड़े होते। कुल मिलाकर यौन उन्मुक्तता का जो स्वरुप आज हम ब्रिटेन में देखते हैं वह तब न था, और सेक्स एक ऐसा शब्द था जिसकी चर्चा पर ब्रिटिश उतने ही असहज थे जितने कि आज रूढ़िवादी भारतीय होते हैं। सत्य यह भी है कि भारत में यौन के प्रति जिस प्रकार की लज्जा की संस्कृति है वह बहुत हद तक विक्टोरियन अंग्रेज़ों के प्रभाव से ही निर्मित हुई है।

मगर सेक्स के प्रति इस संकोची नज़रिये का नकारात्मक पहलू था, यौन अज्ञान और वह अज्ञान किसी कहावत के अनुरूप ब्लिस या आनंद न होकर पीड़ादायक ही था। अनचाहे गर्भ ठहरते और अनचाहे बच्चे भी पैदा होते। और यदि ऐसा विवाह के पवित्र बंधन के बाहर हो तो वह और भी कष्टकर या पीड़ादायक होता। 1982 में प्रकाशित ब्रिटिश लेखिका शर्ली कॉनरेन का बहुचर्चित और बेहद लोकप्रिय उपन्यास 'लेस' यही दर्शाता है कि चालीस और पचास के दशक में किसी स्त्री का कुंवारी माँ के रूप स्वीकारा जाना कितना कठिन था। 'लेस' एक ट्रेंड सेटर उपन्यास रहा है। शर्ली कॉनरैन ने लेस को किशोर छात्राओं के लिए एक सेक्स इंस्ट्रक्शन मैन्युअल के रूप में लिखना शुरू किया था मगर अंत में उसने एक उपन्यास की शक्ल ले ली। लेस ब्रिटेन के उस दौर की कहानी कहता है जब ब्रिटेन में सेक्स भारत की तरह ही एक टैबू विषय था। लोग सेक्स पर बात करने और लिखने से कतराते थे। किशोर किशोरियाँ में सेक्स का ज्ञान बहुत कम था या लगभग नहीं ही था। अज्ञान ब्लिस या आनंद नहीं होता। अज्ञान हमारी बेड़ी होता है और अज्ञान से बनी बेड़ियाँ पीड़ादायक होती हैं। लेस उन किशोरियों की कहानी कहता है जो सेक्स के अज्ञान से पैदा हुई मानसिक और शारीरिक पीड़ाओं से गुज़रती हैं। कहानी चार युवा और अविवाहित सखियों की है जिनमें एक गर्भधारण कर लेती है। उस सखी को सामाजिक प्रकोप से बचाने के लिए चारों सहेलियाँ पैदा होने वाली बच्ची की माता का नाम गुप्त रख कर उसकी मिलजुल कर परवरिश करने का निर्णय लेती हैं। और फिर बाकी की कहानी उस बच्ची का बड़े होकर अपनी असली माँ को ढूँढने की कवायद है। 'व्हिच वन ऑफ़ यू बिचेस इस माय मदर? (तुम में से कौन सी कुतिया मेरी माँ है?), बच्ची द्वारा युवा होकर अपनी

माताओं से पूछा गया यह प्रश्न न सिर्फ अविवाहित माँ की पीड़ा बल्कि अनचाहे बच्चे की मानसिक वेदना को भी बखूबी पेश करता है।

लेस की कहानी से प्रेरित एक हिंदी फिल्म भी बनी थी, शाहरुख़ खान और दिव्या भारती द्वारा अभिनीत और हेमामालिनी द्वारा निर्देशित, 'दिल आशना है'। एक फिल्म के रूप में 'दिल आशना है' बहुत अधिक सफल नहीं हुई, मगर अस्सी के दशक में उपन्यास लेस एक ऐसा फिनामन बन गया था जैसा कि आज 'फिफ्टी शेड्स ऑफ़ ग्रे' है। उपन्यास सामाजिक बंधनों से बंधी युवा महिलाओं की छटपटाहट तो दर्शाता ही है मगर साथ ही परोसता है गर्मागरम यौन प्रसंगों के दृश्य भी। 'लेस इस द बुक दैट एवरी मदर केप्ट हिडन फ्रॉम हर डॉटर' (लेस वह उपन्यास है जिसे हर माता ने अपनी पुत्री से छुपाकर रखा), पुस्तक परिचय साफ़-साफ़ शब्दों में कहता है, मगर सच यह भी है कि यह पुस्तक युवतियों या किशोरियों से छुप न पाई और हाई स्कूल या कॉलेज जाने वाली हर किशोरी इसे किसी न किसी रूप में हासिल कर ही लेती। कहा जाता था कि यदि कोई किशोरी किसी अन्य किशोरी को भूरे लिफ़ाफ़े में बंद कोई चीज़ चुपके से दे रही हो तो वह लेस की प्रति ही होगी।

लेस चालीस और पचास के दशक के यौन उन्मुक्तता और नारी स्वतंत्रता के लिए छटपटाते समाज की कहानी कहता है। पचास के दशक के बाद, साठ, सत्तर और अस्सी के दशक पश्चिम में यौन क्रांति के दशक बन कर उभरे। ये वे दशक थे जब ब्रिटिश महिलाओं ने अपनी व्यक्तिगत महत्वाकांक्षाओं के लिए पारिवारिक ज़िम्मेदारियों से समझौता करना या उनका त्याग करना आरम्भ कर

दिया। ये वे दशक थे जब उन्होंने अपनी यौन आकांक्षाओं को खुल कर व्यक्त करना शुरू किया। ये वे दशक थे जब सेक्स शब्द से सार्वजनिक परहेज़ होना कम हुआ। ये वे दशक थे जब सेक्स को वंश बढ़ाने की क्रिया के रूप से निकालकर यौन आनंद के मूल स्वरुप में स्वीकार किया गया। पुरातनपंथी हिन्दुत्ववाद के पुनर्त्थान के बावजूद आज का भारत भी इसी तरह की किसी यौन क्रांति से गुज़रता दिखाई देता है। आज के भारत के युवक-युवती भी पचास के दशक के बाद के ब्रिटिश युवकों और युवतियों की तरह ही यौन लज्जा त्याग कर अपनी यौन आकांक्षाओं को सार्वजनिक रूप से व्यक्त करने को लालायित दिखते हैं। आश्चर्य न होगा यदि आने वाले दशकों में 'यू कैन किस इन पब्लिक' भारत में भी वैसा ही स्वीकार्य हो जैसा कि आज ब्रिटेन में है।

डू यू बिलीव इन घोस्ट्स?

"डू यू बिलीव इन घोस्ट्स? (क्या तुम भूत-प्रेत में विश्वास करते हो?)" एक दिन मेरी सहकर्मी एँजेला ने मुझसे पूछा।

"व्हाई? (क्यों?)" मुझे उसके इस आकस्मिक प्रश्न पर बड़ा आश्चर्य हुआ। अचानक यह भूत-प्रेतों का प्रसंग कहाँ से निकल आया।

"घोस्ट होते हैं।" पास बैठे एक अन्य सहकर्मी स्टीव ने कहा।

अब तो मेरा आश्चर्य और भी बढ़ा। अंग्रेज़ों के बारे में मेरी धारणा यही थी कि वे वैज्ञानिक मानसिकता के लोग होते हैं और भूत-प्रेत जैसी अवैज्ञानिक बातों में यकीन नहीं करते।

"आपने भूत देखे हैं?" मैंने आश्चर्य से स्टीव से पूछा।

"भूत दिखते नहीं पर वे होते हैं।" स्टीव ने आत्मविश्वास से कहा, जैसे भूतों से उसका गहरा सम्बंध हो।

"जब आपने भूत देखे नहीं तो आपको कैसे पता कि वे होते हैं?"

"भूत महसूस होते हैं।"

"किस तरह?"

"आप उन्हें सेन्स कर सकते हैं, सुन सकते हैं, स्मेल भी कर सकते हैं। हम हर रात अपना टीवी बंद करके सोते हैं, मगर कभी-कभी रात को टीवी अपने-आप चालू हो जाता है। मुझे लगता है कि रात को प्रेतात्माएँ हमारे घर आकर टीवी देखती हैं।"

मेरी हँसी छूटते-छूटते रुकी। मेरा मन किया कि स्टीव से प्रश्न करूँ कि जो दिखते नहीं वे देखते कैसे हैं। फिर मुझे लगा कि आस्था के संसार में तर्कों की घुसपैठ वैचारिक मुठभेड़ को ही आमंत्रण देती है। बस यही सोच कर मैंने इस प्रश्न को होठों पर आने से पहले ही रोक लिया।

"अचानक यह भूत-प्रेतों का प्रसंग कैसे?" स्टीव को नज़रअंदाज़ करते हुए मैंने एँजेला से पूछा।

"अगले हफ़्ते हैलोवीन है। इसी उपलक्ष्य में इस सनडे हम लंदन के घोस्ट टूर पर जा रहे हैं।" एँजेला की नीली आँखें चमक उठीं।

"घोस्ट टूर?" एँजेला और स्टीव दोनो ही मुझे लगातार आश्चर्य के झटके दे रहे थे।

"तुम्हें शायद नहीं पता कि लंदन विश्व का सबसे अधिक हौंटेड (भुतहा) शहर है। यहाँ के भूत-प्रेतों से जुड़े खौफ़नाक किस्से बड़े मशहूर हैं। इन्हीं किस्सों का अनुभव कराने के लिये घोस्ट टूर होते हैं, जिनमें ऐसी हौंटेड जगहों पर ले जाया जाता है जहाँ कहते हैं कि अब भी प्रेतात्माएँ बसती हैं।" एँजेला ने स्पष्ट किया। इसी बीच मैंने गौर किया कि स्टीव के चेहरे पर एक दर्प भरी मुस्कान तैर रही थी, जैसे कह रही हो, "देखा! मैंने कहा था ना।"

"अच्छा! क्या ये टूर डरावने होते हैं? क्या टूर के दौरान भूत वाकई महसूस होते हैं?" मेरी उत्सुकता बढ़ी।

"जिन्हें भूत-प्रेतों में यकीन है उन्हें ज़रूर महसूस होते हैं।" एँजेला ने स्टीव पर शरारती नज़र डालते हुए कहा।

एँजेला और स्टीव से हुए इस संवाद ने लंदन शहर के प्रेतात्माओं के भयावह किस्सों के प्रति मुझमें काफी उत्सुकता पैदा

कर दी। कहते हैं कि प्रेतात्माएँ अक्सर उन्हीं जगहों पर होती हैं जिन जगहों ने या तो बहुत अधिक पीड़ा देखी है या बहुत अधिक प्रसन्नता। लंदन शहर ने दोनों को ही बहुत गौर से देखा है। लंदन का इतिहास बहुत ही रोचक है। एक ओर यदि मध्ययुगीन इतिहास क्रूरता से आहत और रक्त से सना हुआ है तो आधुनिक इतिहास उपलब्धियों से भरपूर है। शायद इसीलिये भूत-प्रेतों के विशेषज्ञ और लंदन में हौंटेड टूर का आयोजन करने वाले रिचर्ड जोन्स का कहना है कि लंदन में मृतकों के चर्चे जीवितों से अधिक होते हैं।

लंदन का मध्यकालीन इतिहास निर्दयता और नृशंसता के किस्सों से अटा पड़ा है। मध्ययुग में अपराधियों और राजद्रोहियों के लिये एक आम सज़ा होती थी, उनका सिर कलम कर शूल की नोक पर लगा कर सरेआम उनका प्रदर्शन करना। कहते हैं कि किसी समय थेम्स नदी पर बने लंदन ब्रिज के किनारों पर लगे शूल इन नरमुण्डों से सजे होते थे। कुछ वर्षों पूर्व लंदन ब्रिज के पास 'लंदन ब्रिज एक्सपीरियेन्स' नामक आकर्षण का निर्माण करते हुए श्रमिकों को एक ऐसी व्यापक कब्रगाह मिली जो नर-कंकालों और नरमुण्डों से भरी पड़ी थी। इनमें से बहुत से शीश वाकई शूलों से भेदे हुए थे। इस कब्रगाह से वे श्रमिक ऐसे भयभीत हुए कि उन्होंने वहाँ अकेले या रात में काम करने से ही मना कर दिया। आज भी 'लंदन ब्रिज एक्सपीरियेन्स' में बने आकर्षण 'लंदन टूंब्स' या 'लंदन मकबरों' में कर्मचारी अकेले काम करने से डरते हैं। कहते हैं कि शाम को जब कर्मचारी घर लौट जाते हैं तो प्रेतात्माएँ कब्रों से निकल कर मक़बरों के अहातों में घूमती हैं। इसकी सत्यता परखने के लिये एक जाँचदल भेजा गया जिसे वहाँ रात को अकेली घूमती एक महिला दिखी। जाँचदल ने सोचा कि वह रात को देर तक रुकी कोई महिला कर्मचारी होगी, मगर जाँच करने पर पाया गया कि

उस दिन वहाँ कोई महिला कर्मचारी काम पर थी ही नहीं। लंदन ट्रूब्स के कर्मचारी इस महिला को एमिली नाम से जानते हैं और कहा जाता है कि वह वहाँ कई बार देखी गई है।

लंदन की सबसे भुतहा इमारत है, 'टावर ऑफ लंदन'। अपने नौ सौ साल के इतिहास में इसने कई षड्यंत्र, हत्याएँ और अपराधियों और राजद्रोहियों के कटे हुए सिर देखे हैं। छह बार विवाहित ब्रिटिश सम्राट हेनरी अष्टम ने यहीं अपनी दो पत्नियों एन बोलिन और कैथरीन हॉवर्ड के सिर व्यभिचार के आरोप में कलम कराए थे। कहते हैं कि एन बोलिन का सिर कटा प्रेत आज भी टावर में मंडराता रहता है जबकि कैथरीन की चीखें उस कमरे से आती सुनी जाती हैं जहाँ उसे मृत्युदंड से पहले कैद रखा गया था। वर्ष 1864 में एक पहरेदार ने एक सफेद साया टावर में मंडराता देखा। उसने अपनी संगीन उठाते हुए साये को ललकारा। साया अचानक उसके बिल्कुल करीब आ गया। पहरेदार ने साये को अपनी संगीन से भेदना चाहा। मगर वह पूर्णतः अचंभित रह गया जब उसने देखा कि संगीन किसी हाड़-माँस से न टकरा कर साये के पार निकल गई। इस अचम्भे से घबराकर वह वहीं बेहोश होकर गिर गया। उसे बेहोशी की हालत में पाने वाले उसके कमान अधिकारी को लगा कि वह शराब के नशे में चूर होकर गिरा पड़ा था। अपने काम की उपेक्षा करने के आरोप में पहरेदार का कोर्ट मार्शल हुआ मगर दो प्रत्यक्षदर्शियों की इस गवाही ने उसे बचा लिया कि उन्होंने उसे एन बोलिन के सिर कटे प्रेत से भयभीत होकर गिरते देखा था।

टावर ऑफ लंदन के भीतर मंडराती प्रेतात्माओं के किस्से अनेक हैं। इसी तरह एक बार एक अन्य पहरेदार रात की गश्त पूरी

करने के बाद थोड़ी देर सुस्ताने बैठा। उसने अपने दायें पैर का जूता निकाल कर पैर की मालिश करनी चाही तभी उसे पीछे से एक भयावह स्वर सुनाई दिया, "यहाँ सिर्फ मैं और तुम हैं।"

पहरेदार ने झटपट पैर पर जूता वापस चढ़ाते हुए कहा, "बस यह जूता पहन लेने दो, उसके बाद यहाँ सिर्फ तुम ही रहोगे।"

प्रेतात्माओं से जुड़ा एक अन्य दिलचस्प किस्सा है काउट्स बैंक का। काउट्स लंदन के सबसे पुराने प्राइवेट बैंकों में एक है और ब्रिटेन की महारानी एलिज़ाबेथ द्वितीय स्वयं इस बैंक की ग्राहक हैं। कुछ सालों पहले बैंक के एक कंप्यूटर रूम में किसी प्रेत द्वारा उपद्रव मचाने की खबर उड़ी। बैंक के भीतर विचित्र घटनाएँ होने लगी थीं। बत्तियाँ अपने आप बंद और चालू हो जातीं और अक्सर एक साया भी मंडराता दिखता। किसी महिला ने एक सिर कटा प्रेत देखने की भी बात कही। बैंक के निदेशकों ने एडी बर्क्स नामक किसी तांत्रिक को प्रेत भगाने के लिये बुलाया। एडी ने प्रेत से संपर्क साधते हुए पता लगाया कि वह नॉरफोक के चौथे ड्यूक थॉमस हॉवर्ड का प्रेत था जिसे महारानी एलिज़ाबेथ प्रथम के विरुद्ध विद्रोह की साजिश रचने के लिये मृत्युदंड दिया गया था। एडी ने खुलासा किया कि प्रेत ने उनसे विनती की है कि जब से उसका सिर कलम कर उसे मृत्युदंड दिया गया है उसके मन में गहरी पीड़ा और आक्रोश है और वह उस पीड़ा से मुक्ति चाहता है। कुछ दिनों बाद बैंक के पास ही एक कॅथोलिक चर्च में प्रेतात्मा की मुक्ति के लिये एक सामूहिक प्रार्थना का आयोजन किया गया जिसमें नॉरफोक के वर्तमान ड्यूक को भी बुलाया गया। प्रार्थना के बाद ड्यूक से किसी प्रेस रिपोर्टर ने प्रश्न किया कि अपने पूर्वज की आत्मा की मुक्ति के बाद उन्हें कैसा महसूस हो रहा है, तो उन्होंने

मुस्कुराते हुए कहा, "दरअसल मैं प्रेतात्माओं में यकीन नहीं करता।"

लंदन की सबसे भुतहा इमारतों में जानी जाने वाली एक अन्य इमारत है '50 बर्क्ली स्क्वेयर'। उन्नीसवीं शताब्दी के उत्तरार्ध में भूत-प्रेतों के कई भयावह किस्से इस इमारत से उड़ कर दूर-दूर तक पहुँचते रहे। इमारत के आस-पास से गुज़रने वाले पथिक कई अदृश्य चीखों और खौफ़नाक आवाज़ों की गूँज के किस्से बयान करते। एक बार इस मकान में रह रहे परिवार ने एक नई नौकरानी रखी, जिसे रहने के लिये ऊपर का कमरा यानी अटारी दी गई। एक रात पूरा परिवार नौकरानी की चीखों से जाग उठा। ऊपर जाकर देखा तो पाया कि नौकरानी खौफ़ज़दा आँखों से ताकती किसी लाश की तरह अकड़ी हुई कमरे के बीचों-बीच खड़ी हुई थी। दुर्भाग्यवश नौकरानी उस खौफ़ की कहानी कभी सुना नहीं पाई क्योंकि उसके बाद उसका मानसिक संतुलन कभी भी नहीं लौटा। इस घटना के तुरंत बाद एक दुस्साहसी युवक ने उस कमरे में एक रात बिताने का साहस जताया। उसके लिये व्यवस्था की गई कि यदि उसे किसी सहायता की ज़रूरत हुई तो वह एक घंटी बजा कर संकेत करेगा। जैसे ही वह युवक उस कमरे के भीतर गया वह घंटी ज़ोरों से बजनी शुरू हो गई। दौड़ते हुए ऊपर पहुँचे लोगों को कमरे में युवक की लाश मिली जिसकी आँखें चेहरे से बाहर निकलती हुई भय से छत को ताक रही थीं।

इस घटना के बाद उस मकान को खाली कर दिया गया। मगर एक रात दो खानाबदोश नाविक इस मकान में घुस आए और अटारी में सोने चले गए। थोड़ी देर बाद उनकी आँखें भारी और तेज़ कदमों की आहट से खुलीं। एक तेज़ झटके से कमरे का दरवाज़ा

खुला और एक खौफ़नाक साया कमरे के भीतर घुसा। एक नाविक चीखता हुआ खिड़की से कूदकर कमरे से बाहर भागा और थोड़ी देर बाद एक पुलिसवाले को साथ लेकर लौटा। लौटने पर उसे अपने साथी का विक्षप्त शव सीढियों की रेलिंग पर लटका हुआ मिला।

सन 1930 के आस-पास इस मकान को दुर्लभ पुस्तकों के विक्रेता मैग्स बन्धुओं ने खरीद लिया। तब से आज तक इस मकान से किसी भूत-प्रेत या संदिग्ध मृत्यु की कोई खबर नहीं मिली है। वैसे कहा जाता है कि इन खौफ़नाक किस्सों के फैलने से लगभग पंद्रह-बीस वर्ष पूर्व लिखी गई प्रेतकथा 'द हौंटेड एँड द हंटर्स' की कहानी इन किस्सों से काफी मिलती-जुलती है।

लंदन के भयावह अतीत की गाथा 'जैक द रिपर' के ज़िक्र के बिना पूरी नहीं होती। 'जैक द रिपर' लंदन का एक अज्ञात सीरियल किलर था जिसने वर्ष 1888 में लंदन के वाइट चैपल इलाके के आस-पास लगातार पाँच हत्याएँ की थीं। उसकी पाँचों शिकार महिलाएँ ही थीं। इन पाँचों हत्याओं की गुत्थी न तो कभी सुलझ पाई और न ही कभी हत्यारा पहचाना या पकड़ा गया। मगर पुलिस और प्रेस को 'जैक द रिपर' नामक किसी व्यक्ति द्वारा लिखे सैकड़ों खत मिलते रहे जिनमें इन हत्याओं की जानकारी और हत्यारे को पकड़ने के सुझाव दिये होते। माना गया कि ये खत स्वयं हत्यारे द्वारा लिखे हुए थे जो एक तरह से पुलिस को चुनौती दे रहा था। इसीलिये अज्ञात हत्यारे का नाम 'जैक द रिपर' पड़ गया। वैसे कई लोगों का मानना है कि ये खत पूरे केस को सनसनीखेज बनाने के लिये किसी पत्रकार द्वारा लिखे गए थे। कहते हैं कि कुछ वर्षों बाद पुलिस ने यह दावा भी किया कि उन्होंने एक ऐसे पत्रकार को

खोज निकाला है जिसने यह स्वीकार किया कि उसने अपने अखबार का प्रसारण बढ़ाने के लिये ही ये खत लिखे थे।

कमर्शियल स्ट्रीट पर बने 'द टेन बेल्स' पब का 'जैक द रिपर' केस से खास नाता है। 'जैक द रिपर' की अंतिम शिकार मैरी केली 9 नवंबर 1888 की रात इस पब से निकली थी। अगली सुबह उसका क्षत-विक्षप्त शव पब के सामने वाली सड़क पर बने उसके मकान में मिला। इस पब के मालिकों ने लोकप्रियता पाने के लिये कुछ सालों तक तो इस पब का नाम ही 'जैक द रिपर' रख दिया था। यह पब भी भुतहे पब के नाम से मशहूर है। इस पब की इमारत से भूत-प्रेतों के कई किस्से खबर में आते रहे हैं। एक बार एक तांत्रिक को इस इमारत में बसने वाले प्रेतों की खोज के लिये बुलाया गया। तांत्रिक इमारत के उपरी तले पर एक कमरे के सामने पहुँच कर रुक गई और उसने आगे जाने से मना कर दिया। उसका कहना था कि उस कमरे में कोई खौफ़नाक हादसा हुआ था और उसे पक्का यकीन था कि उस हादसे में किसी बच्चे की निर्मम हत्या की गई थी। कुछ सालों बाद 'जैक द रिपर' केस की एक विशेषज्ञ को पब की जाँच-पड़ताल के लिये बुलाया गया। विशेषज्ञ ने छत पर बनी पानी की टंकी के पीछे एक थैला पाया जिसमें किसी बच्चे के खून से रंगे कपड़े रखे थे, जिन्हें देख कर लगता था कि उनमें से होकर कोई चाकू घोंपा गया था। यह टंकी ठीक उस कमरे के ऊपर थी जिसके सामने जाकर तांत्रिक ठिठक गई थी।

'जैक द रिपर' कौन था और उसका क्या हुआ यह तो कभी पता न चल सका मगर लोगों का मानना है कि 31 दिसंबर 1888 को नववर्ष की संध्या को उसने वेस्टमिन्सटर ब्रिज से थेम्स नदी में कूद कर आत्महत्या कर ली थी। यदि आज भी आप 31

दिसंबर की रात वेस्टमिन्सटर ब्रिज पर खड़े हों तो रात के ठीक बारह बजे, नववर्ष शुरू होते ही आपको ब्रिज पर 'जैक द रिपर' के प्रेत का साया दिख सकता है, यदि आप भाग्यशाली हों तो।

मन के कैनवास पर मौसम की रचनाएँ

कुछ हफ़्तों बाद सर्दी का मौसम भी आ ही गया। उस सर्दी का जिसका कि मैं बेसब्री से इंतज़ार कर रहा था। उत्तुंग शिखरों वाली हिमालय की पर्वत श्रेणियों को आश्रय देने वाले राष्ट्र में निवास करते आने के बाद भी मैंने जीवन में कभी हिमपात न देखा था। सुना था कि ब्रिटेन में सर्दियों में जमकर हिमपात होता है। हिमपात को देखने की व्यग्रता से प्रतीक्षा थी। उस वर्ष ब्रिटेन में कड़कती सर्दी के साथ ही भीषण बर्फबारी भी हुई। उस पर अटलांटिक महासागर से उठने वाले तूफ़ान ने भी क्रोध का कहर बरपाया। जीवन अस्त-व्यस्त हो गया, लोग-बाग घरों में दुबक पड़े और आधे ब्रिटेन में यातायात ठप्प हो गया। जो लोग हिमपात से पहले या हिमपात के बावजूद सड़कों पर अपने वाहन उतार लाए थे वे रास्तों में अटक गए। गाड़ियों के इंधन खत्म होने लगे, हीटर बंद गए, सवारियाँ ठिठुरने लगीं और कुछ गर्भवती औरतें कड़कती सर्दी में वाहनों के भीतर बच्चे भी जन डालीं। मनुष्य कितना भी उन्नत और शक्तिशाली हो जाए, प्रकृति के आगे बौना ही रहता है। मगर जो प्रकृति की सत्ता को स्वीकार लें वे उसके बिगड़े मिज़ाज का भी खूब आनंद लेते हैं। इस भीषण हिमपात में भी ऐसे उत्साही लोगों की कमी नहीं थी जो स्नोबोर्डिंग या स्कीइंग करके काम पर निकल पड़े। यूरोपीय लोग हम भारतीयों की तुलना में कहीं अधिक एडवेंचर पसंद होते हैं। इसके लिए शायद हमारे और इनके इतिहास के बीच का फ़र्क ज़िम्मेदार है। जब हम समुद्र और नदियों के तट पर उन्नत सभ्यताएँ बसा रहे थे तब ये बर्फीले पहाड़ों और जंगलों में भटक रहे थे।

खैर पहली बार हिमपात देखने का रोमांच कुछ अलग ही था। रुई के फोहों सी आसमान से टपकती बर्फ, ऐसा लग रहा था मानो बादलों के पार बैठे रचनाकार ने रुई धुनने का उद्यम आरम्भ कर दिया हो। चारों ओर बर्फ की सफेद चादर सी बिछी दिखाई दे रही थी। समझ नहीं आ रहा था कि उसे निहारूँ, उसपर कविता करूँ या छोटे से बेटे की उँगली थाम उस सफेद चादर को रौंदते हुए उसपर जाकर स्नोमैन का पुतला बनाऊँ। जीत आखिर बेटे की ही हुई। कवि हृदय पीछे रह गया। बर्फीली रात में चाँदनी, बर्फ की चादर से टकराकर खूब चमकती है। रात देर तक आँगन में बैठकर उस रौशनी को निहारता रहा। आँगन में एक आलूबुखारे का पेड़ भी था, जिस पर लाल आलूबुखारे लदे रहते। बैठे-बैठे कुछ शब्द इन पंक्तियों में बैठ गए-

सर्द रात में बर्फ के बिस्तर पर,
लोटती बेलिबास चाँदनी है।
छुपके पत्तियों में एक आलूचा,
शर्म से लाल हु आ जाता है।

मगर बर्फीली रातों से यह रोमांस चंद रोज़ ही रहा। फिर बर्फबारी से पैदा हुई दिक्कतें तंग करने लगीं। उसपर कुछ दिनों में ही बर्फ का सफेद हुस्न मुरझाकर ब्लैक आइस में बदल गया। फुटपाथ फिसलन भरे हो गए। हनीमून खत्म हुआ, किच-किच शुरू हुई। पहले पहल जो हिमपात रोमांस जगा रहा था वही कुछ दिनों में अवसाद पैदा करने लगा। मौसम का इंसान के मिज़ाज पर असर उसके अनुभवों के अनुरूप बदलता रहता है और अक्सर इन अनुभवों को तराशने कई पुराने अनुभवों के स्पर्श और प्रहार भी चले आते हैं। किसी एक शाम का अनुभव कई पुरानी शामों के

अनुभवों से बना होता है। किसी एक बारिश की पहचान किसी पुरानी मुलाकात, किसी गीत या कविता की कोई पंक्ति या किसी फिल्म के किसी दृश्य की यादों में ढल जाती है। हमारे लिए मौसम का अनुभव काफी हद तक तो उन लेखकों, गीतकारों और कलाकारों द्वारा रचा जाता है जो मौसम के किसी क्षणिक असर को लोकमानस में स्थाई रूप से दर्ज़ कर जाते हैं। मौसम हमारे लिए सिर्फ वही मौसम नहीं होता जो प्रकृति हमारे बाहर रचती है, बल्कि वह भी होता है जो हम अपने भीतर अपनी यादों और अनुभवों के कैनवास पर रचते हैं।

विश्व की हर भाषा के साहित्य की तरह ही अंग्रेज़ी साहित्य में भी मनुष्य के भीतर रचे इस मौसम को बाहरी मौसम के मानवीयकरण के रूप में इस्तेमाल किया गया है। अंग्रेज़ी साहित्य में इस मानवीयकरण को 'पथेटिक फैलसी' कहा जाता है। प्रसिद्ध ब्रिटिश उपन्यासकर एमिली ब्रांटी का उपन्यास 'वदरिंग हाइट्स' पथेटिक फैलसियों से भरा हुआ है। उपन्यास का नाम स्वयं ही एक पथेटिक फैलसी का उदाहरण है। वदरिंग का अर्थ होता है, प्रचंड गर्जना के साथ बहना (हवा या तूफ़ान का)। 'वदरिंग हाइट्स' में मौसम के उग्र और उत्तेजित रूप को वहाँ के निवासियों के उग्र स्वभाव को दर्शाने में प्रतीक के रूप में इस्तेमाल किया गया है। उपन्यास में कई ऐसे प्रसंग हैं जहाँ घटनाओं के वृत्तांत मौसम के बिगड़े मिज़ाज के प्रतीकों के ज़रिये दिए गए हैं।

अंग्रेज़ों का मौसम से लगाव बहुत गहरा है। उनका शायद ही कोई दिन मौसम पर चर्चा किए बिना गुज़रता होगा। ब्रिटेन के साहित्यिक और सांस्कृतिक इतिहास को अंग्रेज़ों के मौसम के बारे में बदलते ख़याल और नज़रिये के ज़रिये कहा जा सकता है।

सदियों से लेखकों, कवियों और चित्रकारों ने ब्रिटेन के मौसम और यहाँ की आबोहवा को कितने अलग-अलग नज़रिये से देखा है और कितने अलग-अलग ढंग से महसूस किया है उसका पूरा ब्यौरा वर्ष 2015 में आई एलेक्सांड्रा हैरिस की किताब 'वेदरलैंड : राइटर्स एँड आर्टिस्ट्स अंडर इंग्लिश स्काइज़' में मिलता है। इस पुस्तक में हैरिस ब्रिटेन के पिछले 1100 वर्षों के साहित्यिक इतिहास का विश्लेषण करते हुए बताती हैं कि लगभग एक से मौसम और एक सी आबोहवा को अलग-अलग काल के लेखकों और कवियों ने कितने अलग-अलग ढंग से अनुभव किया है और उसका कितनी अलग-अलग संज्ञाओं और प्रतीकों में वर्णन किया है। हैरिस, एँग्लो-सैक्सन दौर में लिखे महाकाव्य 'द वान्डरर' (11वीं शताब्दी) से उदाहरण लेते हुए लिखती हैं कि एँग्लो-सैक्सन साहित्य, कठोर सर्द मौसम में निर्वासन में बीत रहे एकाकी और असुरक्षित जीवन का ही अधिक चित्रण करता है। उस दौर के कवि बाहरी प्रकृति में भी अपने भीतर की उदासी और एकाकीपन की झलक ही देखते हैं। यदि वे प्रकृति के सौन्दर्य का वर्णन भी करते हैं तो उसमें किसी जवाहर या मणिरत्न की तरह चमकते बर्फ के टुकड़े का ही ज़िक्र होता है। यदि सूर्य का ज़िक्र होता भी है तो उसे 'कैंडल ऑफ़ स्काई' (आकाश के दिये) की संज्ञा दी जाती है, एक पिघलती मोमबत्ती की दुर्बल लौ के रूप में। हैरिस लिखती हैं कि ब्रिटेन की गर्मियाँ शायद उन दिनों भी उतनी ही गर्म होती हों जितनी कि आज होती हैं, मगर एँग्लो-सैक्सन साहित्य में उनका कोई ज़िक्र नहीं मिलता।

ब्रिटिश साहित्य में मध्ययुगीन काल बसंती हवाओं के गर्म झोंके लेकर आता है। कोंपलों, कलियों और कोयल के गीत इसी दौर में लिखे गए। 17वीं शताब्दी के साहित्य में शायद ही कहीं वर्षा

या भीगे मौसम का ज़िक्र मिलता है। 19वीं शताब्दी का विक्टोरियन युग अंग्रेज़ी साहित्य का एक नया युग लेकर आता है। वर्षा, घने बादल और धुंधले और उदास मौसम का, जिसे ब्रिटेन की औद्योगिक क्रांति के फलस्वरूप लगी फैक्ट्रियों की चिमनियों से उठता धुआँ और भी मलिन और उदास बनाता है। हैरिस वर्जिनिया वुल्फ़ के उपन्यास 'ऑर्लैंडो' के एक दृश्य का ज़िक्र करती हैं- 18वीं शताब्दी की अंतिम रात को उपन्यास की नायिका लन्दन के अपने घर की खिड़की से बाहर झाँकती है जहाँ उसे शीतल, स्वच्छ और निर्मल हवा में शहर के आलीशान गुम्बदों का भव्य दृश्य दिखाई देता है। बाहर शांति और निरभ्रता है। मगर अचानक ही उसे एक त्वरित अवसाद सा आता दिखाई देता है। कुछ ही क्षणों में उग्र मेघों का कोलाहल पूरे शहर को घेर लेता है। चारों तरफ अँधेरा, चारों ओर भ्रम और दुविधा। 18वीं शताब्दी समाप्त होती है, 19वीं शताब्दी आरम्भ होती है।

हैरिस लिखती हैं कि थर्मामीटर और उसका तापमान हर किसी के लिए एक ही होता है मगर मौसम का अनुभव तापमान के अंक जैसा स्थिर नहीं होता, वह अलग-अलग समय में अलग-अलग लोगों के लिए अलग-अलग होता है। समय के साथ हमारी परिस्थितियाँ भी बदलती हैं। मौसम इन बदली परिस्थितियों से नए संबंध बनाता है और वे संबंध हममें मौसम के नए अनुभव पैदा करते हैं।

लंदन की सलीमा

लंदन की हर चीज़ मुझे आकर्षित करती थी, हर चीज़ विस्मित करती थी। लंदन के बारे में सुना था- ऑल द रोड्स आर पेव्ड विद गोल्ड एँड ऑल द मेडन्स प्रिटी (सभी सड़कें सोने से मढ़ी हैं, और सही लड़कियाँ सोहनी सूरत वाली हैं)। सड़कों पर तो मुझे कहीं सोना न दिखाई दिया मगर लड़कियाँ सभी ख़ूबसूरत लगती थीं। लम्बी, गोरी, छरहरी, बेतकल्लुफ़ी से चौड़ी मुस्कान बिखेरकर बातें करने वाली। और थोड़े परिचय के बाद सारी औपचारिकता त्यागकर गले लगने की आतुरता दिखाने वाली।

वो थोड़ी सी अलग थी। हिंदुस्तानी सी लड़की। जिस दफ़्तर में मुझे काम करने के लिए भेजा गया था, वहीं काम करती थी। ख़ूबसूरत और छरहरी। गोरा रंग, कोमल सा चेहरा, तराशे हुए फीचर, बड़ी-बड़ी बोलती सी आँखें। पता चला उसका नाम सलीमा है। सलीमा मुझे देखकर मुस्कुराती। कुछ बातें करने की आतुरता दिखाती। मगर उन दिनों मैं बहुत शर्मीला हुआ करता था। किसी अनजान लड़की से बात करने की हिम्मत न होती थी। वो भी लंदन की लड़की। सलीमा ने आइस ब्रेक करने की कई कोशिशें कीं, मगर बर्फ कुछ अधिक फिसलन भरी थी। मैं फिसल कर निकल जाता वह परेशान सी देखती रहती।

कुछ दिनों बाद हम भारत से आए लोगों की स्वागत पार्टी हुई। हमें थेम्स नदी पर बोट क्रूज पर ले जाया गया। पार्टी में सलीमा भी आई थी। मैं दो बियर पी चुका था। तीसरी बोतल मेरे हाथ में थी। शराब पीकर चूहा भी शेर हो जाता है। मैं तो इंसान था। देखा वह कुछ लड़कों से घिरी बैठी थी। मैंने पास जाकर हेलो कहा।

"हेलो, कैसे हो?" उसकी बड़ी-बड़ी आँखें चमक उठीं।

"अच्छा हूँ।" कहकर मैं थोड़ी दूर पड़ी जो खाली कुर्सी मिली उस पर बैठ गया।

वह झटपट उठी और आकर मेरे पास वाली कुर्सी पर बैठ गई। उसे घेरकर बैठे लड़के मुझे घूरने लगे।

"तुम पार्टी का आनन्द ले रहे हो?" उसने पूछा।

"हाँ और अब तुमसे बात करने का।" मैंने थोड़े दिलफेंक अंदाज़ में कहा।

उसने एक बेतकल्लुफ़ मुस्कान बिखेरी।

"लंदन कैसा लग रहा है?"

"ख़ूबसूरत, तुम्हारी तरह।" मैं नहीं बोल रहा था। बियर बोल रही थी।

उसकी मुस्कान लजीली हो गई।

"इससे पहले बोट पर गए हो।"

"इस नदी में तो नहीं।"

वह हँस पड़ी, "तुम बहुत हाज़िर जवाब हो।"

मैंने बियर के कुछ और घूँट भरे।

"तुम हिंदुस्तानी हो।" मैंने पूछा।

"मेरे दादा इंडियन थे। वे भारत से तंज़ानिया गए थे। फिर ब्रिटेन आ गए।"

अंग्रेज़ी राज में बहुत से भारतीय पूर्वी अफ़्रीका के देशों में ले जाए गए थे। कुछ मज़दूर थे, कुछ प्रबंधक, जो अफ़्रीकी मज़दूरों से काम कराते थे। साठ के दशक में अफ़्रीकी देशों को मिली स्वतंत्रता के बाद वहाँ भारतीयों से भेदभाव शुरु हो गए। अंग्रेज़ों की

ओर से काले मज़दूरों से काम कराने वाले भारतीयों के प्रति अफ्रीकी लोगों का गुस्सा अंग्रेज़ों के प्रति गुस्से से भी ज़्यादा था। युगांडा में तानाशाह शासक ईदी अमीन काबिज़ हो गया था जिसने भारतीयों पर अत्याचार आरंभ कर दिए थे। पड़ोसी देशों कीनिया और तंज़ानिया के साथ युद्ध जैसा माहौल था। पूर्वी अफ्रीका से बहुत से भारतीय घबराकर भाग निकले। उन सबके पास ब्रिटिश पासपोर्ट थे। सो बहुत से ब्रिटेन आ बसे।

"तुम्हें हिंदी आती है?" मैंने पूछा।

"थोड़ी बहुत।"

"घर पर हिंदी नहीं बोलते?"

"नहीं सब अंग्रेज़ी ही बोलते हैं।"

"फिर हिंदी कैसे सीखी?"

"मैं हिंदी की फिल्में देखती हूँ। बस उसी से थोड़ी बहुत।"

हिंदुस्तानी बच्चे दुनिया के किसी भी मुल्क में पैदा हों अपनी जड़ें ढूँढ ही लेते हैं। उसका सबसे आसान रास्ता होती हैं हिंदी फिल्में।

"अभी फिलहाल कौन सी फ़िल्म देखी?"

"डिल टो पागल है।" उसका एक्सेंट ब्रिटिश ही था।

"दिल तो पागल है।" मैं हँसा, "तुम्हें शाहरुख खान पसंद है?"

"वह चार्मिंग है।" उसकी मुस्कान फिर लजीली हो गई।

कुछ और बातें हुईं। फिर कल मिलेंगे कहकर... विदा।

बर्फ टूट चुकी थी। सलीमा से बातें होती रहतीं। वह मुझसे भारत के बारे में बहुत कुछ जानना चाहती। मैं उसके ज़रिए ब्रिटेन में पैदा हुई भारतीय पीढ़ी को समझने की कोशिश करता।

एक शाम मैंने दफ़्तर के कुछ लोगों को घर पर खाने पर बुलाया। सलीमा को भी निमंत्रण दिया।

"सॉरी आज फ्राइडे है, आज नहीं आ सकती।"

"क्यों?"

"आज मॉस्क जाना होता है, नमाज़ पढ़ने।"

मुझे अंदाज़ न था कि आधुनिक लगने वाली, मिडी और बदन से चिपका टॉप पहनने वाली लड़की इतनी धार्मिक भी होगी। वैसे सुना था कि विदेशों में रहने वाले भारतीय हम भारतीयों से अधिक धार्मिक होते हैं। खानपान और पहनावा वे भले पश्चिमी अपना लें मगर मन्दिर, मस्जिद और गुरुद्वारों के प्रति उनकी श्रद्धा हमसे अधिक होती है। वे उनके क्लब भी तो होते हैं जहाँ वे अपने जैसों से मिलते हैं।

"तुम अच्छी लड़की हो।"

फिर वही लजीली मुस्कान।

"मैं बुरा लड़का हूँ। मन्दिर नहीं जाता।"

"तुम पूजा नहीं करते?"

"मेरी पत्नी करती है। दोनों की ओर से।"

छह महीने ब्रिटेन में रहकर एक ब्रेक लेकर मेरा भारत आने का कार्यक्रम बन आया था। एक दिन सलीमा ने मुझे एक खूबसूरत सी गुलाबी रंग की ड्रेस दिखाई, "ये मैंने अपनी छोटी बहन के लिए ली है।"

"क्या उम्र है उसकी?" मैंने पूछा।

"अगले हफ्ते बारह की हो जाएगी।"

मैं लौटने की तैयारी कर रहा था। बहुत से गिफ्ट खरीदे, परिवार और दोस्तों के लिए। एक छोटा सा बर्थडे गिफ्ट और कुछ चॉकलेट्स उसकी बहन के लिए खरीदकर उसे दे आया।

भारत लौटकर सलीमा से ईमेल पर बातें होती रहतीं। हम एक दूसरे को जोक वगैरह भी फारवर्ड करते रहते। यह सिलसिला कुछ महीने चला। फिर धीरे-धीरे कम होते हुए थम गया। उसने ईमेल लिखनी बन्द कर दीं, मैंने भी।

कुछ महीने बीत गए। मैं सलीमा को लगभग भूल चुका था। फिर अचानक मेरी फर्म ने मुझे ब्रिटेन जाने के लिए कहा। लंबे असाइनमेंट पर।

उस दोपहर मेरी फ्लाइट थी। एचआर वालों ने सुबह आफिस बुलाया था। कुछ ब्रीफिंग थी। सुबह दफ़्तर जाकर मैंने कंप्यूटर ऑन किया। देखा सलीमा का ईमेल आया था। ओह तो उसे पता चल गया कि मैं ब्रिटेन जाने वाला था। और मैं मूर्ख मैंने उसे बताया तक नहीं। समझ न आया कि क्या जवाब दूँ। सॉरी बोलूँ? किस तरह?

इतनी देर में एचआर का बुलावा आया गया। ब्रीफिंग का समय हो गया था। ब्रीफिंग क्या थी पूरा एक घण्टा लग गया। अब मुझे भागना था। घर जाकर परिवार को लेना था। फिर एयरपोर्ट भागना था। सलीमा के ईमेल का उत्तर देने का समय नहीं था। दिल्ली के ट्रैफिक में मैं कोई चांस नहीं ले सकता था।

फ्लाइट लेकर मैं ब्रिटेन पहुँचा। इस बार बर्मिंघम शहर आया था। अगले दिन काम पर पहुँचा। पता चला सलीमा भी लंदन

से वहाँ आई हुई थी। एक दिन की ट्रेनिंग पर। वह भी उसी दिन जिस दिन मैं वहाँ पहुँचा था। क्या वह मात्र संयोग था? मैं उससे मिलने को उतावला हो उठा। लंच ब्रेक में दौड़ता हुआ कैंटीन गया। देखा वह कुछ दोस्तों के साथ बैठी लंच कर रही थी। मैं आतुरता से उसकी ओर बढ़ा। मैं उसे हेलो भी न कर पाया था कि उसने चीखते हुए कहा, "तुम यहाँ क्या कर रहे हो?"

मैं हक्का बक्का रह गया। वह सीधा प्रश्न नहीं था। वह रेटोरिकल प्रश्न था। रेटोरिकल प्रश्नों के उत्तर नहीं होते। फिर भी मैंने उत्तर देने की कोशिश की।

"कल ही आया हूँ। आज पता चला कि तुम यहाँ हो तो तुमसे मिलने चला आया।"

"थैंक्स।" उसने मुँह बनाते हुए कहा।

मैं कुछ देर उसके बने हुए मुँह को देखता रहा। मुझे पता था लड़कियों का बना हुआ मुँह जल्दी अनबना नहीं होता।

"अच्छा चलता हूँ।" कुछ पलों के पश्चात मैंने कहा। उसने कोई उत्तर नहीं दिया। मैं चला आया।

वह हमारी आख़िरी मुलाकात थी। उसके बाद हम कभी नहीं मिले। कोई बातचीत न हुई। वह किस्सा वहीं खत्म हो गया। उसे वहीं खत्म हो जाना था। कुछ किस्से छोटे ही अच्छे होते हैं।

राग़ा रॉक बनाम हिप-हॉप और रैप

अब मैं बर्मिंघम शहर में रह रहा था। बर्मिंघम ब्रिटेन का दूसरा सबसे बड़ा शहर है। बर्मिंघम को अधिकांश भारतवासी शायद 'एजबेस्टन क्रिकेट मैदान' के लिए जानते हों। शायद कुछ लोग 'कैडबरी चॉकलेट' के लिए भी जानते हों। न जानते हों तो बता दूँ कि बर्मिंघम शहर कैडबरी चॉकलेट का गृहनगर है। लगभग 200 वर्ष पूर्व वर्ष 1824 में कैडबरी चॉकलेट के जनक जॉन कैडबरी ने चॉकलेट के मूल अवयव कोका पाउडर और उससे बनने वाली ड्रिंकिंग चॉकलेट का व्यापार बर्मिंघम शहर में एक छोटी सी दुकान से शुरु किया था, ठीक वैसे ही जैसे कि एमडीएच मसालों के जनक महाशय चुन्नीलाल गुलाटी ने मसालों का व्यापार वर्ष 1919 में सियालकोट में महाशयाँ दी हट्टी (एमडीएच) नामक छोटी सी दुकान से आरम्भ किया था। आगे चलकर कैडबरी और एमडीएच दोनों ही विशाल व्यापारिक साम्राज्य बन गए। दोनों ही व्यापार साम्राज्यों का गठन और विकास मात्र उनके उत्पादों के स्वाद से ही प्रेरित नहीं रहा बल्कि पारिवारिक परिश्रम, विश्वास और जनकल्याण की भावना से भी प्रेरित रहा। सामूहिक परिश्रम, दृढ़ विश्वास और जनकल्याण की भावना ही किसी विशाल और टिकाऊ व्यापार का आधार बन पाती हैं। जॉन कैडबरी के लिए ड्रिंकिंग चॉकलेट बनाने की प्रेरणा समाज को स्वास्थ्य के लिए हानिकारक शराब का एक स्वादिष्ट और स्वास्थ्यवर्धक विकल्प उपलब्ध कराना था।

खैर चॉकलेट से संगीत पर आते हैं। मेरे लिए दोनों ही मूड अपलिफ्ट कर अवसाद दूर करने के कारगर उपाय हैं। बर्मिंघम में

मेरे एक अंग्रेज़ साथी एडम भारतीय संगीत में थोड़ी बहुत रुचि रखते थे। पंडित रविशंकर को उन्होंने सुन रखा था। आशा जी के कुछ एल्बम भी उन्होंने सुने थे। एक दिन बातचीत में मैंने उनसे उस्ताद ज़ाकिर हुसैन का ज़िक्र किया। मैंने उनसे कहा कि, आप ज़ाकिर हुसैन को ज़रूर सुने, यकीनन आप कह उठेंगे, 'वाह उस्ताद'। कुछ दिनों बाद ही उनका जन्मदिन था। मैंने सोचा कि उन्हें भेंट में उस्ताद ज़ाकिर हुसैन की एक सीडी दिया जाए। बर्मिंघम शहर में एक इलाका है, स्पार्कहिल। हालाँकि वहाँ न तो कोई स्पार्क है और न ही कोई हिल। यदि कुछ है तो दक्षिण एशियाई मूल के निवासियों की बड़ी तादाद, मूलतः पाकिस्तानी मूल के लोगों की। सुन रखा था कि भारतीय फिल्मों और भारतीय संगीत का क्रेज़ भारतीयों से अधिक पाकिस्तानियों में है। सो सीडी की तलाश में मैं स्पार्कहिल पहुँचा। मिठाइयों, कपड़ों और जेवरात की दुकानों की कतार में एक बड़ी सी म्यूज़िक शॉप भी दिखाई दी, नाम था 'म्युज़िक महल' या ऐसा ही कुछ। दुकान के भीतर जाकर मैंने रिसेप्शन पर खड़े नौजवान से कहा, "उस्ताद ज़ाकिर हुसैन के कुछ सीडी दिखाएँ।"

नौजवान ने पहले तो मुझे आश्चर्य से देखा मानो कि मैं किसी अन्य ग्रह के कलाकार की सीडी मांग रहा था। निश्चित ही उसने ज़ाकिर हुसैन का नाम न सुन रखा था। उसने एक और नौजवान को आवाज़ लगाई। दूसरे नौजवान ने आते ही कहा, "ज़ाकिर हुसैन! नाम तो सुन रखा है, क्या गाता है? ग़ज़ल या क़व्वाली?"

मैं बिना कुछ कहे ही दुकान से बाहर निकल आया। कुछ दूरी पर एक और दुकान थी, 'संगीत'। वहाँ मुझे एक बुज़ुर्ग व्यक्ति

बैठे हुए दिखाई दिए। मुझे लगा उन्हें तो अवश्य भारतीय शास्त्रीय वादकों के बारे में ज्ञान होगा।

"ज़ाकिर हुसैन को कौन सुनता है यहाँ। यह तो हिप हॉप, रैप और भांगड़ा सुनने वालों की जमात है। मेहंदी हसन साहब का यह सीडी एक साल से पड़ा है, आज तक नहीं बिका, हाँ दलेर मेहंदी दर्जनों बिक जाते हैं।" ब्रिटेन की दक्षिण एशियाई मूल की नौजवान पीढ़ी से उन्होंने कुछ इस तरह मेरा परिचय कराया।

संगीत का मेरा ज्ञान बड़ा दुर्बल है। वह जिसे 'वॉन गॉफस इअर्स फॉर म्यूज़िक' कहते हैं, वैसा ही कुछ हाल है मेरे कानों का भी संगीत के मामले में, 'तान बधिर'। मगर मुझे इतना समझ आता है कि अच्छा संगीत वह होता है जो आत्मा को झंकृत कर दे, और अच्छा होने के लिए उसका शास्त्रीय होना अनिवार्य नहीं है। वैसे भी कला के लिए कोई पाबंदियाँ नहीं होनी चाहिएँ। कला पाबंदियों से परे होनी चाहिए। कुछ वर्षों पहले मरहूम उस्ताद गुलाम मुस्तफा खान को एक टीवी शो पर देख रहा था। उनसे प्रश्न किया गया कि, क्या एक अच्छा गायक होने के लिए शास्त्रीय संगीत का ज्ञान आवश्यक है, तो उन्होंने बड़े सरल शब्दों में कहा, संगीत को शास्त्रीय, सुगम, पॉप, रॉक आदि में बांट कर उससे बड़ा अन्याय हो रहा है, संगीत तो बस वह है जो रूह को सुकून दे, और जो रूह को बेचैन कर दे वह संगीत नहीं शोर है।

रूह को सुकून देने वाला, आत्मा को झंकृत करने वाला या 'सोल अपलिफ्टिंग' संगीत भारतीय संगीत परम्परा की पहचान रहा है। पंडित जवाहरलाल नेहरू ने 'डिस्कवरी ऑफ़ इंडिया' में लिखा है, "भारतीय कला में एक आध्यात्मिक प्रेरणा निहित है, एक अतेन्द्रीय दृष्टि। भारतीय कला में सौंदर्य आत्मनिष्ठ है, वस्तुनिष्ठ

नहीं। वह आत्मा का सौंदर्य है, जो भारतीय कला के मनोहर रूप में प्रकट होता है।"

भारतीय कला की यह आध्यात्मिक प्रेरणा पश्चिमी कला को निरंतर प्रभावित करती रही है। पचास, साठ और सत्तर के दशक भारतीय या पूर्वी अध्यात्म के पश्चिम में लोकप्रिय रूप या पॉपुलर फॉर्म लेने के दशक थे। कई प्रसिद्ध पश्चिमी वैज्ञानिक क्वांटम फिज़िक्स और पूर्वी अध्यात्म के बीच समानता ढूँढते और सामानांतर खींचते नज़र आए। नोबल पुरुस्कार विजेता ऑस्ट्रियन वैज्ञानिक एरविन श्रोडेंगर भारतीय अध्यात्म से इतने प्रभावित हुए कि उन्होंने वेदांत को अपना जीवन दर्शन बना लिया और अंतिम सांस तक वेदांत के अनुयायी रहे। एक अन्य क्वांटम वैज्ञानिक डेविड बोह्म का झुकाव भी अध्यात्म की ओर रहा। मानव चेतना और विचार के आध्यात्मिक और दार्शनिक आयाम पर उन्होंने प्रसिद्द भारतीय दार्शनिक जे कृष्णमूर्ति के साथ मिलकर लगभग पच्चीस वर्षों तक काम किया। इससे पहले अल्बर्ट आइंस्टीन ने भी अस्तित्व की जटिलता पर गुरुदेव रविंद्रनाथ टैगोर से लम्बी चर्चा की थी। चर्चा में आइंस्टीन ने अपना भौतिक और वैज्ञानिक पक्ष रखा और गुरुदेव टैगोर ने दार्शनिक और आध्यात्मिक पक्ष। दोनों के बीच विज्ञान और धर्म के बीच चले आ रहे द्वंद्व पर विश्व इतिहास की सर्वाधिक प्रेरक और दिलचस्प वार्ता हुई। इस ऐतिहासिक वार्ता ने बीसवीं सदी के पूर्वार्ध में भारत में अंकुरित हो रहे धार्मिक और आध्यात्मिक पुनर्जागरण और पश्चिम में पल्लवित हो रहे सेक्युलर वैज्ञानिक मतों के संचय की आधारशिला रखी। टैगोर और आइंस्टीन ने अपनी वार्ता में विज्ञान, चेतना, दर्शन और सौंदर्य जैसे मानव अस्तित्व के बुनियादी पहलुओं को पुनःपरिभाषित किया।

पूर्वी अध्यात्म के इस प्रभाव ने न्यू ऐज मूवमेंट को जन्म दिया जिससे न्यू ऐज साइंस की उत्पत्ति हुई। न्यू ऐज मूवमेंट से ही प्रभावित थी हिप्पियों की पीढ़ी जो 'आल्टर्ड स्टेट ऑफ़ कॉन्शियसनेस' को अनुभव करने के लिए नशीली दवाओं का प्रयोग करती। हिप्पी शब्द हिप से बना है, जिसका अर्थ होता है चैतन्य या जागरुक। अब यह तो नशीली दवाओं के सेवक या प्रयोगी ही जानें कि उनका सेवन किस तरह की जागरुकता लाता है।

हिप्पी पूर्वी अध्यात्म के प्रेम और शांति के दर्शन का प्रचार करते परन्तु उनके दर्शन में निठ्ठल्लेपन, मदमस्ती और संयम रहित उन्मुक्तता की मौजूदगी कहीं न कहीं भारतीय दर्शन से मेल न खाती। हिप्पी मूवमेंट में एक सशक्त ऊर्जा फूंकी हिप्पी म्यूज़िक ने। हिप्पियों का संगीत उन्मुक्त संगीत होता उनके दर्शन की ही भांति। वर्ष 1967 में हिप्पी मूवमेंट से जुड़ा प्रसिद्द ब्रिटिश रॉक बैंड 'द बीटल्स'। द बीटल्स के लीड गिटारिस्ट जॉर्ज हैरिसन भारतीय शास्त्रीय संगीत के मुरीद थे। जॉर्ज हैरिसन का भारतीय संगीत से परिचय भी दिलचस्प तरीके से हुआ। वर्ष 1965 में जॉर्ज बीटल्स के अन्य सदस्यों के साथ किसी रेस्टोरेंट में अपनी फिल्म 'हेल्प' की शूटिंग कर रहे थे। हेल्प भारतीय ठगों की पृष्ठभूमि पर बनी एक म्यूजिकल कॉमेडी फिल्म है। शूटिंग के दौरान कुछ भारतीय संगीतकार बैकग्राउंड म्यूजिक बजा रहे थे। जार्ज ने बैकग्राउंड म्यूजिक में सितार की आवाज़ सुनी और उन्हें लगा कि वह विचित्र सी ही आवाज़ थी। उन्होंने किसी कलाकार से सितार लेकर उसके तार छेड़ने शुरू किये। सितार के तार और उनसे उठते सुरों ने जॉर्ज को जकड़ना शुरू कर दिया। वक्त के साथ ही वह जितना सितार के बारे में जानते गए उतना ही प्रसिद्द भारतीय सितारवादक पंडित

रविशंकर के बारे में भी। जॉर्ज ने रविशंकर का एक रिकॉर्ड एल्बम खरीदा और उसे कई बार सुना। उस रिकॉर्ड की धुनें जॉर्ज के दिल में गहरी उतरती गईं। जॉर्ज उस अहसास को शब्दों में बयान नहीं कर सकते थे। जॉर्ज के शब्दों में, "वह एक रूहानी अहसास जो उनके मन और बुद्धि के परे था।" उसके बाद तो वे पंडित रविशंकर के शिष्य और भारतीय संगीत के साधक हो गए। भारतीय संगीत के साथ ही जॉर्ज भारतीय दर्शन और भारतीय अध्यात्म के रंग में भी रंग गए और हरे कृष्णा मूवमेंट का हिस्सा हो गए। जॉर्ज हैरिसन के साथ ही हिप्पियों की फ़ौज भी हरे कृष्णा मूवमेंट से जुड़ी और अमेरिका के सेन फ़्रांसिस्को से लेकर लन्दन की सड़कों तक 'हरे रामा हरे कृष्णा' की धुन पर झूमती फिरी।

बीटल्स का संगीत और उसके गीतों के बोल अध्यात्म के रस में भीगे लगते। भारत के संगीत और दर्शन का द बीटल्स के संगीत पर विशेष और महत्वपूर्ण प्रभाव रहा। द बीटल्स ने अपने संगीत में पारंपरिक भारतीय वाद्ययंत्रों का उपयोग करना शुरू किया। वर्ष 1966 और 1968 के बीच बीटल्स ने भारतीय शास्त्रीय शैली में जॉर्ज हैरिसन द्वारा लिखे गए तीन गीत रिकॉर्ड किए। पहला गीत था 'लव यू टू' जो 1966 में रिकॉर्ड किया गया। दूसरा गीत 'विदिन यू विदाउट यू' जो उसके अगले वर्ष 1967 में बना। जॉर्ज हैरिसन की भारतीय तिकड़ी का तीसरा गीत था 'द इनर लाइट' जिसके बोल प्राचीन चीनी दार्शनिक लाओ त्सु के ग्रन्थ 'ताओ ते जिंग' के ताओ दर्शन पर आधारित थे।

जॉर्ज हैरिसन के ही प्रभाव ने रॉक संगीत की एक नई विधा को जन्म दिया, 'रागा रॉक'। रागा रॉक एक स्पष्ट भारतीय प्रभाव लिया रॉक या पॉप संगीत है। इसके निर्माण में भारतीय

संगीत वाद्ययंत्रों जैसे सितार, तबला और तानपुरा का विशेष उपयोग और प्रभाव है। चूँकि लोकप्रिय पश्चिमी रॉक और पॉप संगीत में भारतीय प्रभाव मुख्य रूप से 1960 के दशक में आरंभ हुआ, अधिकांश रागा रॉक गीत-संगीत इसी दशक की उत्पत्ति माने जाते हैं, हालाँकि 1960 के दशक के बाद के रॉक और पॉप संगीत में भी भारतीय संगीत और भारतीय वाद्ययत्रों का स्पष्ट प्रभाव देखा जा सकता है। सत्तर के दशक में रागा रॉक की परंपरा को आगे बढ़ाया ब्रिटिश गिटारिस्ट जॉन मेकलॉफिन और उनके बैंड 'शक्ति' ने। जॉन मेकलॉफिन ने जाज़ से प्रभावित रागा रॉक का एक नया प्रारूप तैयार किया। सत्तर के दशक के अंत में शक्ति बैंड बिखर गया। लगभग बीस साल की चुप्पी के बाद 1997 में जॉन मेकलॉफिन ने उस्ताद ज़ाकिर हुसैन के साथ मिलकर एक नया बैंड बनाया 'रिमेबरिंग शक्ति', जिसमें शंकर महादेवन, यू श्रीनिवास और वी सेल्वागणेश ने शामिल होकर उसे एक पंचक का रूप दिया। प्रसिद्ध बांसुरी वादक हरिप्रसाद चौरसिया भी इस बैंड से कुछ समय तक जुड़े रहे।

नब्बे के ही दशक में एक अन्य ब्रिटिश रॉक बैंड 'कार्नरशॉप' ने भारतीय संगीत और भारतीय वाद्यों जैसे सितार और ढोलकी को अपने संगीत में मिलाना शुरू किया। किसी समय ब्रिटेन में पूर्वी अफ्रीका से आए अधिकांश भारतीय जिनमें गुजरातियों की बहुलता थी, आजीविका के लिए छोटी-छोटी डेली नीड्स की कार्नरशॉप चलाया करते थे। इन कार्नरशॉप की खासियत यह थी यदि आधी रात को भी किसी सामान की ज़रूरत हो तो ग्राहक दुकान के दरवाज़े की घंटी बजाते और ऊपर के कमरे में सो रहा दुकानदार उठ कर उन्हें सामान दे देता। शाम के पाँच बजे ही दुकान का शटर गिराने वाले अंग्रेज़ों के बाज़ार में ये

कार्नरशॉप बड़ी लोकप्रिय हुईं और एक तरीके से ब्रिटेन में भारतीयों की पहचान ही बन गईं। खैर वर्ष 1997 में कॉर्नरशॉप ने आशा भोंसले को समर्पित गीत बनाया 'ब्रिमफुल ऑफ़ आशा' जो न सिर्फ बेहद हिट हुआ बल्कि यूके चार्ट में पहली पायदान तक पहुँच गया। भारतीय संगीत, अध्यात्म और हिप्पी दर्शन से ही प्रभावित एक अन्य ब्रिटिश बैंड 'कुला शेकर' भी नब्बे के दशक से लेकर आज तक काफी लोकप्रिय रहा है। कुला शेकर के लोकप्रिय गीत 'तत्व' और 'गोविंदा' के तो बोल भी संस्कृत के हैं।

राागा रॉक की परंपरा ब्रिटेन में आज भी जारी है। मगर जिस पॉपुलर म्यूजिक ने ब्रिटेन की नौजवान भारतीय पीढ़ी को जकड़ रखा है वह वही संगीत है जिसका ज़िक्र संगीत शॉप में बैठे बुज़ुर्ग व्यक्ति कर रहे थे। वह संगीत है हिप हॉप से प्रभावित भारतीय संगीत। रैप और भागड़ा के फ्यूज़न का संगीत। जे शॉन और यो यो हनी सिंग का संगीत। रागा रॉक के आध्यात्मिक प्रारूप के विपरीत यह म्यूज़िक भौतिकता के प्रतीकों से लदा हुआ है, कैश, कार, हीरे, ज़ेवरात और ख़ूबसूरत युवतियों के जिस्मों का प्रदर्शन करता संगीत जिसे सुना कम और देखा अधिक जाता है। क्या ऐसा संगीत रूह को छू सकने की क्षमता रखता है? ऐसे संगीत को उस्ताद ग़ुलाम मुस्तफ़ा खान क्या कहना पसंद करते, संगीत या शोर?

ग्रफिटी-
सड़कों से लेकर आर्ट गैलरियों तक

ब्रिटेन आने पर जिस एक चीज़ ने मुझे अत्यधिक प्रभावित किया वह थी सड़कों के किनारे दीवारों पर या रेलवे के पुलों पर बनी ग्रफिटी, यानी सार्वजानिक प्रदर्शन के लिए दीवारों या अन्य स्थानों पर उकेरे गए शब्द या चित्र। अब तो खैर ग्रफिटी भारत में भी आम है, मगर तब भारत में सड़कों के किनारे की दीवारों पर 'मर्दाना कमज़ोरी दूर करने वाले इश्तेहार' या 'रिश्ते ही रिश्ते, एक बार मिल तो लें', वाले विज्ञापन ही अधिक होते थे। ग्रफिटी यदा-कदा ही कहीं देखने मिलती हो। ग्रफिटी की कलाकारी आमतौर पर दूसरों की इमारतों या सार्वजनिक दीवारों पर होती है, अवैध रूप से। इसीलिए इसे स्ट्रीट आर्ट कहा जाता है। लंदन जैसे महानगरों में एक और चलन है रेल पटरी के किनारे की दीवारों पर, सुरंगों में, सबवे में, रेलवे के पुलों पर ग्रफिटी बनाना और यहाँ तक की रेलवे स्टेशन पर खड़ी ट्रेनों पर भी। अधिकांश ग्रफिटी आर्टिस्ट किशोर बच्चे या बेरोज़गार युवक ही होते हैं जो ग्रफिटी बनाने के साथ ही तोड़फोड़ और छुटपुट अपराधों में भी शरीक रहते हैं। कुछ दिनों पहले ही इन स्ट्रीट कलाकारों ने लन्दन में सत्रह मिलियन पौंड यानी लगभग 150 करोड़ रुपयों से बनी एक नई नवेली ट्रेन को ग्रफिटी आर्ट से रंग दिया। मजबूरन ट्रेन कंपनी को ट्रेन की सेवाएँ रद्द करनी पड़ीं। धन और समय की हानि तो हुई ही साथ ही यात्रियों का आक्रोश भी सहना पड़ा, यानी कि धंधे पर दोहरी मार।

के डैरेन कलेन लंदन के एक जाने-माने ग्रफिटी आर्टिस्ट हैं। डैरेन ने महज़ दस साल की उम्र में स्ट्रीट आर्ट के रूप में ग्रफिटी बनाना शुरु किया था, और आज 48 साल की उम्र में वे लंदन में ग्रफिटी आर्ट की वर्कशॉप चलाते हैं जहाँ वे भटके हुए किशोरों और युवकों को न सिर्फ ग्रफिटी आर्ट की शिक्षा देते हैं बल्कि उन्हें वैध रूप से ग्रफिटी बनाने की जगह और सुविधा भी मुहैया कराते हैं। ब्रिटेन में निम्न और मध्यम वर्ग के किशोरों और युवाओं में ग्रफिटी आर्ट की ओर बढ़ते आकर्षण का कारण बताते हुए डैरेन कहते हैं कि, आज युवाओं के पास अपनी रचनात्मक ऊर्जा को अभिव्यक्ति देने के अधिक साधन नहीं रहे। अब पहले जैसे युवा केंद्र नहीं रहे इसलिए युवकों को मजबूरन अपना समय अपने साथियों के साथ सड़कों पर बिताना पड़ता है। अभाव और बेरोज़गारी में जीवन बिता रहे इन युवकों के लिए स्ट्रीट आर्ट जीवन की कठिनाइयों से राहत का ज़रिया भी बनता है और साथ ही उन्हें एक पहचान भी दिलाता है।

लंदन जैसे महानगरों में ग्रफिटी बनाने वाले युवकों का एक बड़ा वर्ग होता है जिनमें उनका स्ट्रीट आर्ट ही उनकी प्रतिष्ठा और पहचान का माध्यम होता है। इन कलाकारों में अधिक से अधिक कलात्मक चित्र बनाने की ही नहीं बल्कि दुरारोह और दुर्गम स्थानों पर ग्रफिटी बनाने की भी स्पर्धा होती है। सर्वाधिक दुर्गम स्थानों पर बनी ग्रफिटी को हेवन (स्वर्ग) कहा जाता है, मगर दुर्भाग्यवश इन स्वर्गों की रचना करते हुए कई ग्रफिटी कलाकार दुर्घटनाग्रस्त होकर न सिर्फ अपने हाथ-पैर तोड़ बैठते हैं बल्कि कभी-कभी अपने प्राणों से हाथ भी धो बैठते हैं। कुछ साल पहले डैरेन ने यह चेतावनी दी थी, ग्रीष्म ऋतु के आगमन के साथ ही

ग्रफिटी कलाकारों की गतिविधियों में तेज़ी आने वाली है जिसकी परिणति छुट-पुट अपराधों और दुर्घटनाओं में भी होने वाली है।

इसे विडम्बना ही कहा जाएगा कि डैरेन की इस चेतावनी के महज़ दो दिनों के भीतर ही दक्षिण लंदन के एक ट्रेन स्टेशन के पास रेल की पटरियों के किनारे दीवारों पर ग्रफिटी बनाते हुए तीन युवा कलाकार एक तेज़ गति से आने वाली ट्रेन की चपेट में आकर अपने प्राण खो बैठे। लंदन के ग्रफिटी कलाकारों के बीच 'लवर', 'ट्रिप' और 'केबैग' के नाम से लोकप्रिय इन युवकों की उम्र मात्र उन्नीस से तेईस वर्ष के बीच थी। विचित्र बात यह भी है कि दिवंगत कलाकारों को उनके मित्रों ने श्रद्धांजलि भी उसी ट्रेन स्टेशन पर जगह-जगह उनके नाम की ग्रफिटी बना कर ही दी। विडम्बना यह भी है कि इन तीन कलाकारों में 'लवर' के नाम से जाना जाने वाला युवक, जिसका असली नाम हैरिसन स्कॉटहुड था, एक अच्छे संपन्न परिवार से था और लन्दन के एक प्रतिष्ठित फाइन आर्ट कॉलेज में पढ़ रहा था। हैरिसन के सामने एक उज्ज्वल भविष्य था जिसे उसके ग्रफिटी आर्ट के शौक ने लील लिया।

परन्तु ग्रफिटी आर्ट का अर्थ केवल अवैध चित्रकारी, अपराध और दुर्घटनाएँ ही नहीं हैं। ग्रफिटी आर्ट कई उभरते कलाकारों को अपनी कला का प्रदर्शन करने और कला जगत में पहचान बनाने के अवसर भी देता है। लंदन के प्रतिष्ठित कला जगत में कई प्रसिद्द कलाकार हैं जिन्होंने अपनी कला-यात्रा ग्रफिटी कला से ही शुरू की थी। ऐसे ही एक प्रसिद्ध कलाकार हैं बेन आइन। बेन ने अपनी कला यात्रा 14 वर्ष की उम्र में स्ट्रीट आर्ट से ही आरंभ की थी और किशोर और युवा उम्र में ही वे अपनी अवैध कलाकारी के लिए कई बार हवालात की हवा खा चुके थे। बेन प्रसिद्द हुए अपने

रंग-बिरंगे कलात्मक अक्षरों की चित्रकारी से। इन कलात्मक अक्षरों से वे लंदन की गलियों और दुकानों के शटर पर 'एक्साइटिंग', 'स्केयरी' और 'वैन्डलिज़्म' जैसे शब्द लिखते फिरते। इन्हीं रंग-बिरंगे कलात्मक अक्षरों से लिखे शब्दों से बेन की पहचान बनी और उन्हें व्यवसायियों द्वारा उनकी दुकानों के शटर पर व्यावसायिक रूप से चित्रकारी करने की पेशकश होने लगी। उसके बाद तो बेन लंदन में ग्रफिटी कला के आन्दोलन के अग्रदूत बन गए। आज बेन की कलाकारी न सिर्फ लंदन से निकलकर पेरिस, टोक्यो, न्यूयॉर्क और लॉस एन्जेलिस तक जा पहुँची है बल्कि बेन द्वारा बनाए गए स्ट्रीट आर्ट का एक अपना पूरा गूगल मैप भी है। मगर बेन को असली प्रसिद्धि तब मिली जब वर्ष 2010 में ब्रिटेन के तत्कालीन प्रधानमंत्री डेविड कैमरोन ने उनकी बनाई एक कलाकृति को अमेरिका के पूर्व राष्ट्रपति बैराक ओबामा को भेंट किया जो आज वाशिंगटन डीसी में वाइटहाउस यानी अमरीका के राष्ट्रपति भवन की शोभा बन गई। हालाँकि डेविड कैमरोन को अपने इस कदम के लिए काफी आलोचना का सामना भी करना पड़ा कि अवैध स्ट्रीट आर्टिस्ट के रूप में अपनी कला यात्रा आरम्भ करने वाले कलाकार की कलाकृति को अमरीकी वाइटहाउस में स्थापित करवाकर वे अवैध स्ट्रीट आर्ट और उससे जुड़े अपराधों को बढ़ावा ही दे रहे हैं। मगर जैसा कहा जाता है कि कला के लिए कोई बंधन नहीं होते, उसी तरह कला के प्रोत्साहन के लिए भी कोई सीमा नहीं होती। बेन आइन की कला को प्रोत्साहन देकर डेविड कैमरोन ने भी इसी भावना का परिचय दिया।

वैसे तो ग्रफिटी को पाषाणयुग से लेकर पुरातन हड़प्पा, यूनानी और रोमन सभ्यताओं के शैलचित्रों से भी जोड़ा जाता है मगर आधुनिक ग्रफिटी कला का आरम्भ पिछली सदी के साठ के

दशक के अंत में ही हुआ था। कहा जाता है कि इसे जन्म देने वाला कलाकार अमरीकी यूनानी मूल का डिमिट्रियस नाम का किशोर था जो 'टाकी 183' के टैगनेम से न्यूयॉर्क शहर में ग्रफिटी चित्र बनाया करता था। वर्ष 1971 में पहली बार ग्रफिटी को एक कला के रूप में पहचान और मान्यता मिली जब न्यूयॉर्क टाइम्स अखबार ने डिमिट्रियस के स्ट्रीट आर्ट पर एक लेख छापा। सत्तर के दशक में ग्रफिटी की कला अमरीका से निकलकर यूरोप होते हुए चीन और जापान तक जा पहुँची। पिछले लगभग पाँच दशकों में ग्रफिटी न सिर्फ स्ट्रीट आर्ट के रूप में लोकप्रिय होती रही है बल्कि वैध रूप से बनाई गई ग्रफिटी को गंभीर कला के रूप में पहचान और सम्मान भी मिला है। अस्सी के दशक के पूर्वार्ध में न्यूयॉर्क शहर के प्रख्यात मैनहटन इलाके की 'फैशन मोडा' और 'नाउ गैलरी' नामक आर्ट गैलरियों में पहली बार स्थान पाने के बाद से पिछले चार दशकों में ग्रफिटी कला मिलान, लंदन और पेरिस की सम्मानित आर्ट गैलरियों की शोभा बढ़ा चुकी है।

मगर ग्रफिटी कला को सबसे अधिक प्रचार और प्रसार मिला हिप-हॉप संगीत और स्ट्रीट डांस से जुड़कर। हालाँकि ग्रफिटी का हिप-हॉप से कोई सीधा सम्बंध तो नहीं है परन्तु चूँकि हिप-हॉप संगीत भी स्ट्रीट डांस के साथ ही विकसित हुआ है, फिल्म निर्माताओं और रिकॉर्ड लेबल कंपनियों ने ग्रफिटी को हिप-हॉप से जोड़कर ग्रफिटी चित्रों का हिप-हॉप संगीत के विडियो और एल्बम कवर में खूब प्रयोग किया और इस तरह ग्रफिटी और हिप-हॉप एक-दूसरे के प्रचार-प्रसार के सशक्त माध्यम बन गए। 1983 में बनी अमरीकी हिप-हॉप फिल्म 'वाइल्ड स्टाइल' और अमरीका की हिप-हॉप संस्कृति पर बनी प्रसिद्ध डाक्यूमेंट्री फिल्म 'स्टाइल वार्स' में ग्रफिटी को स्थान दिया गया। हिप-हॉप के साथ ही ग्रफिटी कला

संगीत की 'रॉक एँड रोल' और 'पंक रॉक' जैसी विधाओं से भी जुड़ी रही। प्रसिद्ध गायिका डेबी हैरी के पंक रॉक बैंड 'ब्लॉन्डी' ने अपनों गानों के विडियो में ग्रफिटी का इस्तेमाल किया। उत्तरी यूरोप के रॉक बैंड 'जा जा जा' ने अपने लाइव शो में स्टेज पर ग्रफिटी चित्रों का प्रयोग किया। साथ ही हिप-हॉप गायक, ब्रेक डांस नर्तक और ग्रफिटी कलाकारों को मुख्य चरित्र में लेकर बनी प्रसिद्ध हॉलीवुड फिल्म 'बीट स्ट्रीट' ने ग्रफिटी को एक नई अंतर्राष्ट्रीय पहचान दी।

आज ग्रफिटी, हिप-हॉप, स्ट्रीट डांस आदि स्ट्रीट कला से विकसित होकर गंभीर और लोकप्रिय कलाओं का रूप ले चुके हैं मगर उनकी जड़ें आज भी अमरीका और यूरोप की गलियों में बनी हुई हैं और साथ ही उन जड़ों से जुड़ी हुई हैं; अवैध चित्रकारी, अपराध और तोड़फोड़ की वारदातें और जीवन को जोखिम में डालने का दुस्साहस। यूँ तो किसी भी कला के लिए कोई बंधन नहीं होने चाहिएँ किंतु हर प्रकार की स्वतंत्रता अपने साथ कुछ दायित्व भी लाती है, अपने स्वयं के प्रति भी और समाज के प्रति भी। स्ट्रीट कलाकारों को अपनी स्वतंत्रता का उपयोग करते हुए न सिर्फ नागरिक कानूनों बल्कि इन अन्य दायित्वों को समझना भी आवश्यक है ताकि वे लवर, ट्रिप और केबैग की नियति को प्राप्त न हों।

अस्सी के दशक का रामायण और आज

अस्सी का दशक था। दक्षिण एशियाई देशों से ब्रिटेन आकर बसे प्रवासी यहाँ जम चुके थे। यह पिछले लगभग दो दशकों में इनफार्मेशन टेक्नोलॉजी क्रांति और वैश्वीकरण के फलस्वरूप भारत से ब्रिटेन आए प्रवासियों से पहले की पीढ़ियाँ थीं। उन पीढ़ियों के लिए ब्रिटेन आना और यहाँ अपना आधार बनाना उतना सरल नहीं था जितना कि हमारी पीढ़ी के लिए रहा है। किंतु उन पीढ़ियों के लिए ब्रिटेन का मोह और यहाँ की सम्पन्नता का लोभ हमसे कहीं अधिक था। वैश्वीकरण के चलते दक्षिण एशियाई देशों में मध्यम वर्ग का जीवन स्तर जितना सुधरा है ब्रिटेन के मध्यम वर्ग के जीवन स्तर में उतनी ही कमी भी आई है।

ये पीढ़ियाँ बड़ी संख्या में ब्रिटेन मुख्यतः दो चरणों में आईं। पहला चरण भारत की स्वतंत्रता के ठीक बाद के काल का था। द्वितीय विश्वयुद्ध के चलते ब्रिटेन की आर्थिक स्थिति डाँवाडोल थी। उद्योग चरमरा रहे थे। बहुत सा इंफ्रास्ट्राकचर ध्वस्त हो चुका था। ब्रिटेन के लिए यह आर्थिक और औद्योगिक पुनर्निर्माण का समय था जिसके लिए बड़ी संख्या में श्रमिकों की आवश्यकता थी। ये श्रमिक बुलाए गए ब्रिटेन के पूर्व में उपनिवेश रहे भारतीय उपमहाद्वीप से।

दूसरा चरण आरम्भ हुआ साठ के दशक में। इस दशक में ब्रिटेन ने अपने अन्य उपनिवेशों विशेषकर पूर्वी अफ्रीका के देशों को स्वतंत्रता देना आरम्भ किया। भारत पर ब्रिटिश राज के दौरान बड़ी संख्या में भारतीयों को पूर्वी अफ्रीका के देशों कीनिया, तंज़ानिया, युगांडा आदि ले जाया गया था जहाँ वे अंग्रेज़ों की ओर

से अफ़्रीकी मज़दूरों से काम लिया करते थे। अधिकांश अफ़्रीकी मज़दूर इन भारतीयों से भी उतनी ही घृणा किया करते जितना कि वे अपने अंग्रेज़ मालिकों से करते। स्वतंत्रता के पश्चात् इन देशों के अफ़्रीकियों का क्रोध वहाँ बसे भारतीयों पर फूटना लाज़िम था। भेदभाव और दुर्व्यवहार के चलते पूर्वी अफ़्रीका में बसे भारतीयों को वहाँ से पलायन के लिए विवश होना पड़ा। फिर युगांडा में ईदी अमीन की तानाशाही और अत्याचार ने रही सही कसर पूरी कर दी। पूर्वी अफ़्रीका में बसे भारतीयों को ब्रिटेन ने अपना पासपोर्ट दे रखा था। सो उनमें से अधिकांश भागकर ब्रिटेन आ बसे।

1971 के भारत-पाकिस्तान युद्ध के दौरान पूर्वी पाकिस्तान और आज के बांग्लादेश से भी ढेरों शरणार्थी ब्रिटेन आए। पचास, साठ और सत्तर के दशकों में भारतीय उपमहाद्वीप से ब्रिटेन आए प्रवासियों में एक बात समान थी। उन सबकी संस्कृति एक थी। उन सबका खानपान एक सा था। ब्रिटेन में आज जो जगह-जगह इंडियन रेस्टोरेंट दिखाई देते हैं और अंग्रेज़ों को जो भारतीय खाने की लत लगी है उसमें भारतीयों से कहीं अधिक योगदान बांग्लादेशियों और पाकिस्तानियों का है। एक और बात उन सबमें सामान थी वह यह कि वे सभी हिंदी समझ लेते थे। बोल भी लेते थे। इन सभी प्रवासियों के लिए हिंदी एक सूत्र भाषा भी बन गई। इन सबके मनोरंजन के साधन भी समान थे, हिंदी फ़िल्में और हिंदी फिल्मों के गाने। इसी दौरान ब्रिटेन में बहुत से एशियाई रेडियो स्टेशन भी आरंभ हुए जो हिंदी में कार्यक्रम करते और हिंदी गीतों का प्रसार करते। तब ब्रिटेन में हिंदी की फ़िल्में सिनेमाघरों में इतनी न लगा करती थीं जितनी आजकल लगा करती हैं। अब तो किसी भी मल्टीप्लेक्स में चार-पाँच स्क्रीन हिंदी फिल्मों के लिए आरक्षित रहती हैं, मगर तब ऐसा न था। मगर अस्सी के दशक में वीडियो या

वीसीआर की उपलब्धता से यहाँ के एशिआई प्रवासियों के लिए हिंदी फ़िल्में सुलभता से मिलना आरम्भ हो गई थीं। हिंदी गीतों और हिंदी फिल्मों में भी भारतीयों से अधिक रुचि पाकिस्तानियों और बांग्लादेशियों की ही होती। आज भी स्थिति कमोबेश वही है। ब्रिटेन में भारतीयों का एक बहुत बड़ा वर्ग पंजाब के ग्रामीण इलाकों से है। इन पंजाबियों की रुचि हिंदी गीतों से कहीं अधिक पंजाबी भांगड़ा में रहती है। पंजाबी संगीत में भारतीयों जितना ही योगदान ब्रिटेन के पंजाबी प्रवासियों का भी है। पंजाबी संगीत के कई बड़े नाम जैसे कि अपाची इंडियन, मलकीत सिंह, बल्ली सागू आदि ब्रिटेन के ही हैं।

अस्सी के दशक में ही ब्रिटेन के दक्षिण एशियाइयों को मनोरंजन का एक और बड़ा साधन उपलब्ध हुआ। वह था दूरदर्शन और उसके सोप ओपेरा। इसमें मनोरंजन की सबसे बड़ी लहर लाया मेगा सीरियल रामानंद सागर का 'रामायण'। रामायण ने ब्रिटेन के दक्षिण एशियाइयों को हर रविवार की सुबह टीवी स्क्रीन से चिपकाकर रख दिया। क्या भारतीय, क्या पाकिस्तानी और क्या बंगलादेशी, क्या हिन्दू, क्या सिख और क्या मुस्लिम, सभी रविवार की सुबह का बेसब्री से इंतज़ार करते। वे हिन्दू हों, सिख हों या मुस्लिम हों, रविवार की सुबह स्नान करके भक्तिभाव से ही टीवी के आगे बैठते। उन दिनों में ब्रिटेन में वहाबी इस्लाम का वैसा प्रसार न था जैसा कि नब्बे के दशक में आरम्भ हुआ। तब टीवी के पटल पर हिन्दू धार्मिक चरित्रों के सम्मुख भक्तिभाव से बैठना मुसलमानों को वैसा कुफ़्र या शिर्क न जान पड़ता था जैसा कि आज के मुल्लाह उन्हें बताते हैं।

वह दौर साँझी संस्कृति का था, साँझें खानपान और मनोरंजन का था, साँझें जीवन का था। पिछले तीन दशकों में इस साँझेंपन के बीच कई दीवारें खड़ी हो चुकी हैं, कई दरारें आ चुकी हैं। हर वर्ग में अलगाव के भाव बढ़े हैं, हर वर्ग में कट्टरता बढ़ी है।

पिछले वर्ष दूरदर्शन पर रामानंद सागर की रामायण का फिर से प्रसारण हुआ था। पता नहीं ब्रिटेन में उसे कितने दर्शक मिले होंगे। मिले होंगे भी या नहीं। मगर यह तय है कि ब्रिटेन में रह रही दक्षिण एशियाइयों की नई पीढ़ी को उस चमत्कार का ज्ञान या आभास भी न होगा जो इसने अस्सी के दशक में उनके पूर्वजों के मध्य पैदा किया था।

मानवीय जीवटता का समय के प्रहार के विरुद्ध संघर्ष- फ्लेमेंको और बुलफाइट

ब्रिटेन से निकलकर स्पेन की यात्रा पर रहा। ब्रिटेन की नम और ठंडी आबोहवा से कुछ समय का अवकाश पाने के लिए ब्रिटेनवासी अक्सर स्पेन के गर्म और धूप से नहाए समुद्रतटों का रुख करते हैं। खासतौर पर गर्मियों के महीनों में स्पेन के समुद्रतटीय इलाके ब्रिटेश सैलानियों से भरे होते हैं। पिछले कुछ दशकों में पर्यटन एजेंसियों और टूर ऑपरेटरों ने विज्ञापन एजेंसियों का सहारा लेकर सी-बीचों पर बिताई जाने वाली छुट्टियों को एक विशाल उद्योग का रूप दे दिया है। इन विज्ञापनों में समुद्रतटों की रमणीय छवि के साथ ही खूबसूरत युवक-युवतियों की सुडौल और अर्ध-अनावृत काया की नुमाइश भी अनिवार्य होती है। हालाँकि समुद्रतटों पर अर्धनग्न होकर समय बिताने के पीछे मुख्य वजह धूप-स्नान ही होती है मगर उसका एक खास असर यह भी होता है कि धूप सेंकते युवक-युवतियों की सुडौल काया से आँखें सेंकने का आकर्षण बहुत से उन पर्यटकों को भी समुद्र तटों की ओर खींच लाता है, जिन्हें धूप-स्नान में कोई रुचि नहीं होती।

धूप सेंकना अंग्रेज़ों का एक प्रिय शगल है। गर्मी के दिनों में धूप में नंगे बदन लेटकर सारा-सारा दिन बिताने में अंग्रेज़ों को ज़रा भी कोफ़्त नहीं होती। हम भारतीयों को भले ही यह शगल समय ज़ाया करना लगे मगर अंग्रेज़ों के लिए इस धूप-स्नान की एक ख़ास वजह होती है और वह है अपनी गोरी त्वचा को टैन करना। जितना शौक भारतीयों को फेयर एँड लवली क्रीम मल कर

अपनी त्वचा को गोरा बनाने का है, उससे कई गुना अधिक शौक गोरे अंग्रेज़ों को धूप में लेटकर अपनी त्वचा को टैन करने का। प्राकृतिक रूप से टैन्ड त्वचा के स्वामी हम भारतीयों के लिए अंग्रेज़ों के इस शौक को समझना कुछ मुश्किल ही है।

धूप स्नान और भारतीय त्वचा के प्राकृतिक टैन की बात चलते ही एक मज़ेदार किस्सा याद आता है। प्रसिद्ध भारतीय वैज्ञानिक पिआरा सिंग गिल किसी अमरीकी समुद्रतट पर लेटे धूप सेंक रहे थे। तभी उन पर किसी अमरीकी महिला की नज़र गई। उन दिनों अमरीका में अधिक भारतीय नहीं होते थे और इसीलिए गोरे अमरीकी, भारतीयों की भूरी त्वचा से अधिक परिचित नहीं थे। वह अमरीकी महिला पिआरा सिंग की टैन्ड स्किन से बड़ी प्रभावित हुई।

"हाय जेंटलमैन, कैन आई आस्क यू द सीक्रेट ऑफ़ सच ए नाईस टैन (महोदय, क्या मैं इस खूबसूरत भूरी त्वचा का राज़ जान सकती हूँ?)" पिआरा सिंग के पास जाते हुए उस महिला ने बड़े आश्चर्य से पूछा।

"फाइव थाउजेंड इयर्स ऑफ़ इंडियन सन (पाँच हज़ार साल की भारतीय धूप)।" पिआरा सिंग ने बेतकल्लुफ़ी से जवाब दिया।

खैर अधिकांश ब्रिटिश सैलानियों के लिए स्पेन की यात्रा का मुख्य आकर्षण भले ही वहाँ के खूबसूरत सी-बीच हों मगर स्पेन के मेनलैंड के जीवन और वहाँ की रंगीन संस्कृति में दिलचस्पी लेने वाले पर्यटकों की भी कमी नहीं है। हालाँकि चर्चित फिल्म 'ज़िन्दगी न मिलेगी दोबारा' के ज़रिये बहुत से भारतीय स्पेन की संस्कृति के कुछ पहलुओं से परिचित हो चुके हैं, मगर स्पेनिश संस्कृति की

चर्चा जिन दो पहलुओं के बिना अधूरी है, वह हैं 'फ्लेमेंको' और 'बुलफाइट'।

फ्लेमेंको दक्षिण स्पेन का प्रसिद्ध फोक आर्ट है जो नृत्य, संगीत और गायन की कलाओं का मिश्रण है। भारतीय फिल्म दर्शक कई फ़िल्मी गानों के ज़रिये फ्लेमेंको की अच्छी-खासी झलक पा चुके हैं, मगर शायद वे यह न जानते हों कि फ्लेमेंको नृत्य न सिर्फ भारतीय कत्थक से बहुत मिलता जुलता है, बल्कि संभवतः कत्थक से ही विकसित हुआ नृत्य है।

कत्थक और फ्लेमेंको में कई समानताएँ हैं। पैरों की थाप, शरीर की मुद्राएँ और चेहरे की भंगिमाओं में कई साम्य देखे जा सकते हैं। फ़र्क यह है कि जहाँ कत्थक नंगे पैर किया जाता है फेलेमेंको जूते पहन कर किया जाता है और जहाँ कत्थक की मुद्राएँ और भंगिमाएँ आम तौर पर सौम्य होती हैं, फ्लेमेंको की मुद्राओं और भंगिमाओं में एक उत्तेजना देखी जा सकती है। कहते हैं कि फ्लेमेंको को जिप्सियों द्वारा दक्षिण स्पेन के एन्डालुसिया प्रदेश में लाया गया था और आम धारणा है कि जिप्सियों के प्रारंभिक दल मूलतः उत्तर भारत से निकले हुए हैं।

कत्थक का जो रूप हम आज देखते हैं वह हिन्दू और मुस्लिम नृत्य और संगीत तत्वों का मिला-जुला रूप है, मगर कत्थक का इतिहास बहुत पुराना है और इसका ज़िक्र महाभारत तक में मिलता है। कत्थक का मूल स्वरुप प्राचीन उत्तर भारत के नर्तकों द्वारा तैयार किया गया था जो हिन्दू पौराणिक गाथाओं को नृत्य और संगीत के ज़रिये कहा करते थे। इन नर्तकों की टोलियाँ जिनमें अधिकांश ब्राह्मण वर्ण के पुरुष हुआ करते थे, मंदिर प्रांगणों से लेकर ग्राम सभाओं तक में नृत्य और संगीत के ज़रिये पौराणिक

गाथाओं और उनके सन्देश को आम जनता तक पहुँचाती थीं। भक्तिकाल में कत्थक का उपयोग भक्ति आन्दोलन को गति देने में हुआ और राधा-कृष्ण की रास-लीलाएँ कत्थक में रची जाने लगीं। भारत में इस्लाम के प्रवेश के बाद हिन्दू और मुस्लिम संस्कृतियों के मेल से एक साँझा गंगो-जमन तहज़ीब विकसित हुई जिसकी झलक उस दौर की कला और कलाकृतियों में मिलती है जिनमें चित्रकारी, वास्तुशिल्प, काव्य से लेकर नृत्य-संगीत भी शामिल हैं। कला के संरक्षक के रूप में मुग़लों ने कत्थक को राज दरबारों के मनोरंजन की कला के रूप में अपना लिया। इस दौर में कत्थक में कई बदलाव हुए। हिन्दू पौराणिक तत्व जाते रहे और कई इस्लामिक और फ़ारसी तत्व प्रवेश कर गए। कत्थक नर्तक की भूमिका एक अध्यात्मिक भक्त से मनोरंजक की हो गई, मगर फिर भी कत्थक का शास्त्रीय रूप बना रहा। अंग्रेज़ों के आगमन के बाद मुग़ल दरबार समाप्त हो गए और साथ ही ख़त्म हो गया कत्थक को मिलने वाला राजकीय संरक्षण और कत्थक मूल रूप से वेश्यालयों में सिमट गया। सौभाग्यवश आज़ादी के बाद कत्थक को एक बार फिर शासकीय संरक्षण प्राप्त हुआ जिसके चलते कत्थक की शास्त्रीय और आध्यात्मिक गरिमा आज भी बनी हुई है।

फ्लेमेंको दक्षिण स्पेन की लोक कलाओं और जिप्सी परम्पराओं का अद्भुत मिश्रण है। किंतु कत्थक की ही भांति फ्लेमेंको पर भी कई अन्य संस्कृतियों की छाप रही है जिसमें मुस्लिम अरब संस्कृति और मूर सभ्यता प्रमुख हैं। दक्षिण स्पेन के मुस्लिम मूर शासकों ने मुग़लों की तरह ही कला के कई रूपों को न सिर्फ संरक्षण दिया बल्कि उन्हें परिष्कृत भी किया। दसवीं से पंद्रहवीं शताब्दी के बीच मूर शासकों के वैभव तले एन्डालुसिया

पश्चिमी विश्व में कला का केंद्र बन चुका था और इसी दौर में फ्लेमेंको के कई आयामों का परिमार्जन हुआ।

जिप्सी उत्तर भारत से अलग-अलग समय में विभिन्न दलों में प्रवास करते रहे जिनमें उच्च वर्ण के भेदभाव से व्यथित शूद्रों से लेकर मुस्लिम आक्रमणकारियों के अत्याचारों से आक्रांत ब्राह्मण और राजपूत तक शामिल रहे। ये जिप्सी दल खानाबदोश की तरह फारस और मध्य एशिया होते हुए दक्षिण यूरोप तक पहुँचे और इन सभी भूभागों की संस्कृतियों को अपनी संस्कृति और जीवन शैली में समाहित करते चले। मगर ये जिप्सी दल निरंतर दरिद्रता, अभाव और दमन के शिकार भी रहे। एन्डालुसिया पहुँचने पर इन्हें मुस्लिम मूर शासकों का संरक्षण अवश्य प्राप्त हुआ किंतु पंद्रहवीं शताब्दी में उत्तरी स्पेन के ईसाईयों द्वारा मूर शासकों को उखाड़ फेंकने और जिप्सियों, मुसलमानों और यहूदियों के जबरन धर्म परिवर्तन के प्रयासों ने एन्डालुसिया को निर्धनता और दरिद्रता की कगार पर पहुँचा दिया। एन्डालुसिया के जिप्सियों और गैर जिप्सियों का इसी दरिद्रता और दमन के प्रति आक्रोश उनकी कला की भावुकता और उत्तेजना में देखने मिलता है। फ्लेमेंको शब्द की व्युत्पत्ति के बारे में कई विपरीत धारणाएँ हैं, मगर मुख्य रूप से इस शब्द को उग्रता और उत्तेजना के साथ जोड़ा जाता है जिसकी स्पष्ट झलक फ्लेमेंको नृत्य और संगीत में देखने मिलती है।

कत्थक और फ्लेमेंको दो बहुत ही भिन्न प्रकार की मानवीय संवेदनाओं से विकसित हुई कलाएँ हैं। जहाँ कत्थक मूल रूप से धार्मिक और आध्यात्मिक भावनाओं की अभिव्यक्ति है वहीं फ्लेमेंको दमित और दलित वर्ग की चीख है। मगर दोनों ही कलाओं में साम्य न सिर्फ उनके तकनीकी प्रारूप बल्कि समान ऐतिहासिक

सन्दर्भों का भी है। दोनों ही कलाएँ बंजारा टोलियों के प्रांगणों से निकल कर लोक-कलाओं के रूप में विकसित होते हुए अपने शास्त्रीय स्वरुप में पहुँची हैं और इस यात्रा में विभिन्न संस्कृतियों की अमिट छाप लिए आगे बढ़ी हैं। बाहरी असर की इन्हीं तहों के नीचे उनका प्रारंभिक स्वरुप कहीं दबता चला गया है और वे काफी हद तक मनोरंजन की कला बन कर रह गई हैं मगर फिर भी आरंभिक भावनाओं की मूल अभिव्यक्ति की झलक उनमें आज भी देखी जा सकती है।

बुल फाइट या सींग सवारी स्पैनिश संस्कृति का एक अन्य अभिन्न अंग है। हालाँकि आधुनिक सभ्य समाज के पशु प्रेमियों के दबाव में बुल फाइट उत्तरी स्पेन के कई हिस्सों में कानूनी रूप से प्रतिबंधित है मगर दक्षिण स्पेन में उसे आज भी कानूनी मान्यता है। हालाँकि आधुनिक सभ्य समाज फ्लेमेंको जैसी परिष्कृत कला और मध्ययुगीन खेल बुल फाइट के बीच कोई साम्य स्वीकार करने को न तैयार हो लेकिन फ्लेमेंको के कई विश्वप्रसिद्ध कलाकारों और बुल फाइट के कई शीर्ष खिलाड़ियों के लिए दोनों कलाओं के बीच गहरा साम्य और सबंध है। जिस तरह फ्लेमेंको जिप्सी वर्ग के समय की निर्दयता के विरुद्ध आक्रोश की त्वरित अभिव्यक्ति है, बुल फाइट भी समय के त्वरित प्रहार के विरुद्ध लड़ाई का खेल है। जिस तरह की त्वरित उग्रता और उत्तेजना की झलक फ्लेमेंको नृत्य-संगीत में देखने मिलती है वैसी ही उग्रता और विकटता बुल फाइटर की शारीरिक गतिविधियों और भाव-भंगिमाओं में झलकती है।

मिथकों के रुष्ट ज्वालामुखी देवता

स्पेन मेनलैंड से स्पेन के कैनरी द्वीप टेनरिफ की ओर निकल गया। कैनरी द्वीप समूह स्पेन के मेनलैंड के दक्षिण में अटलांटिक महासागर में अफ्रीका के मोरक्को देश से मात्र 100 किलोमीटर की दूरी पर स्थित है। लिहाजा कैनरी द्वीप समूह में गर्मी भी अच्छी-खासी पड़ती है और इसीलिए ठंडे यूरोपीय देशवासियों के लिए गर्मी की छुट्टियाँ बिताने और धूप स्नान के लिए आदर्श गंतव्य है। टेनरिफ कैनरी द्वीप समूह का सबसे बड़ा और आबादी के लिहाज़ से सबसे घना द्वीप है। कैनरी द्वीप समूह पर स्पेन का आक्रमण और आधिपत्य पंद्रहवीं शताब्दी में हुआ था। स्पेन के आधिपत्य से पहले कैनरी द्वीप समूह के मूल निवासी ग्वांचे कहलाते थे। ग्वांचे कौन थे और इस द्वीप समूह पर कहाँ से आए थे यह प्रमाणिक रूप से कह पाना मुश्किल है, मगर फिर भी अनुमान है कि वे उत्तरी अफ्रीका की बर्बर प्रजाति के लोग थे जो लगभग एक हज़ार वर्ष ई.पू. यहाँ आकर बसे थे। ग्वांचे से पहले इस द्वीप समूह पर किसी अन्य प्रजाति के लोगों के रहने के कोई चिन्ह नहीं मिलते। ग्वांचे टेनरिफ को चिनेट कहते थे। ग्वांचे शब्द अपने आप में उनके द्वारा इस द्वीप को दिए नाम से बना है। ग्वांचे प्रजाति का मूल नाम 'ग्वान्चिनेट' था। 'ग्वान्चिनेट' शब्द दो शब्दों की संधि से बना है, ग्वान (व्यक्ति) और चिनेट (टेनरिफ), अर्थात टेनरिफ के व्यक्ति। स्पेन के आक्रमण के बाद इस प्रजाति का नाम ग्वान्चिनेट से ग्वांचे हो गया। हालाँकि ग्वांचे नाम टेनरिफ द्वीप से ही बना है मगर कैनरी द्वीप समूह के समस्त मूल निवासियों के लिए ग्वांचे शब्द ही प्रयुक्त होता है।

टेनरिफ नाम के बारे में कई मत हैं। एक मत यह है कि यह दो शब्दों से मिलकर बना है, टेन (पर्वत) और इफ (श्वेत), टेनिफ यानी कि श्वेत पर्वत। द्वीप के स्पेनिकरण या हिस्पैनिकरण के फलस्वरूप इसमें 'र' का स्वर जुड़कर यह टेनिफ से टेनरिफ हो गया। यह श्वेत पर्वत जो टेनरिफ के लगभग मध्यभाग में स्थित है और जिसे 'पीको डेल टीडी' के नाम से जाना जाता है, आज भी इस द्वीप की सबसे बड़ी पहचान है। पीको डेल टीडी या टीडी पर्वत ख़ास इसलिए है कि यह विश्व का तीसरा सबसे ऊँचा ज्वालामुखी है जो फ़िलहाल सुप्त अवस्था में है। टीडी पर्वत पर पिछला विस्फोट वर्ष 1909 में हुआ था। टेनरिफ में आप कहीं भी हों वहाँ से आप इस पर्वत की चोटी को आसानी से देख सकते हैं जो हमेशा ही बर्फ से ढँकी रहती है। इसीलिए इसे श्वेत पर्वत कहा जाता है।

टीडी को ग्वांचे लोगों पवित्र पर्वत मानते थे। ग्वांचे मिथकों में टीडी का वही महत्त्व है जो हिमायल पर्वत का हिन्दू मिथकों और ओलम्पस पर्वत का ग्रीक मिथकों में है। एक किवदंती के अनुसार ग्वांचे मिथकों का शैतान- ग्वायोटा, इस पर्वत पर रहा करता था। किसी दिन शैतान ग्वायोटा ने सूर्यदेव जिनका ग्वांचे मिथकों में नाम मैजेक है, का अपहरण कर उन्हें इस पर्वत के ज्वालामुखी में क़ैद कर दिया था जिसके परिणामस्वरूप समस्त विश्व अंधकार में डूब गया था। ग्वांचे लोगों ने अपने परमेश्वर एकमन से मैजेक को छुड़ा लाने की प्रार्थना की। एकमन ने मैजेक को छुड़ाने के लिए ग्वायोटा से युद्ध किया। ग्वायोटा ने एकमन पर धुएँ, लावा और चट्टानों से प्रहार किए। भीषण युद्ध हुआ और अंत में एकमन की विजय हुई। मैजेक क़ैदमुक्त हुए और एकमन ने उनकी जगह ग्वायोटा को इस ज्वालामुखी में क़ैद कर दिया। माना जाता है कि तब से शैतान ग्वायोटा इस ज्वालामुखी में क़ैद है और यहाँ से छूट निकलने के

प्रयास भी कर रहा है। अर्थात ज्वालामुखी सुप्त अवस्था में है किंतु मृत नहीं है और कभी भी फूट पड़ सकता है। इस किवदंती को देखें तो इसमें सांस्कृतिक चेतना में बसा ज्वालामुखी के विस्फोट का भयाकुल अनुभव झलकता है। इस ज्वालामुखी के विस्फोट के बाद से ही ग्वांचे लोग दुष्ट प्रविति वाले शैतान ग्वायोटा से भयभीत और सतर्क रहने लगे थे। ग्वांचे लोग जब इस पर्वत पर जाते थे तो जलती हुई मशालें लेकर जाते थे और लकड़ियों के अलाव जलाकर ग्वायोटा की शैतानी शक्तियों को दूर भगाने का प्रयास करते थे। साथ ही वे ग्वायोटा की शैतानी प्रवित्तियों को शांत करने के लिए उसे कई चढ़ावे भी चढ़ाया करते थे।

एक अन्य किवदंती भी इस पर्वत और इसके ज्वालामुखी से जुड़ी हुई है। किवदंती गारा और जोने नाम के एक प्रेमी युगल की है। जोने टेनरिफ के सम्राट का पुत्र था जो पास ही के द्वीप 'ला गोमेरा' की राजकुमारी गारा के प्रेम में पड़ गया था। गारा और जोने किसी मेले में मिले और उनमें पहली ही नज़र में प्यार हो गया। कहते हैं उसके कुछ दिनों बाद ही टीडी पर्वत का ज्वालामुखी धुआँ उगलने लगा। लोगों को लगा कि पवित्र पर्वत प्रेमी युगल के सम्बंध से रुष्ट है और उन्होंने जोने और गारा के प्रेम सम्बंध को तोड़ने के प्रयास शुरू कर दिए। जोने को गारा से मिलने से रोका गया मगर जोने बकरे की खाल से बने उड़न खटोले में बैठकर समुद्र पार द्वीप ला गोमेरा में गारा से मिलने जा पहुँचा। लोगों ने वहाँ भी गारा और जोने को एक दूसरे से मिलने से रोका। प्रेमज्वर से पीड़ित गारा और जोने भाग कर द्वीप के सबसे ऊँचे पर्वत पर जा पहुँचे। लोगों ने पर्वत की चोटी तक उन दोनों का पीछा किया। अपने मिलन की कोई सम्भावना न देखते हुए प्रेमी युगल ने पर्वत की चोटी पर ही

आत्महत्या कर ली। ला गोमेरा द्वीप के इस सबसे ऊँचे पर्वत को आज 'गाराजोने' नाम से जाना जाता है।

टीडी पर्वत के ज्वालामुखी की तरह ही विश्व के लगभग हर ज्वालामुखी से जुड़े कई मिथक और किवदंतियाँ हैं। इन सभी किवदंतियों में ज्वालामुखी को किसी दानव, शैतान या रुष्ट देवी या देवता की संज्ञा ही दी गई है। अलग-अलग समय में विश्व के अलग-अलग हिस्सों में गढ़े इन सभी मिथकों में एक समानता सी दिखती है, जैसे कि ये समस्त मिथक किसी एक वृहद् और संयुक्त चेतना से निकले हों। क्या मिथक मात्र कोरी कल्पनाएँ ही होते हैं? या इनमें कोई सच भी होता है? या वे किसी अगोचर सत्य का कृत्रिम दृष्टान्त होते हैं। विश्व प्रसिद्ध मिथक विशेषज्ञ जोसफ कैम्पबेल ने विश्व की समस्त पुरातन संस्कृतियों और धर्मों के मिथकों का अध्ययन कर उनके बीच आश्चर्यजनक साम्य पाया है और उनका वर्णन उन्होंने कई किताबों में किया है, जिनमें 'द मास्क्स ऑफ़ गॉड', 'द हीरो विद ए थाउजेंड फेसेस', 'द पॉवर ऑफ़ मिथ' और 'द इनर रीचेस ऑफ़ द आउटर स्पेस : मिथ्स एज़ मेटाफर्स एँड एज़ रिलिजन' प्रमुख हैं। कैम्पबेल के अनुसार विश्व के समस्त मिथकों में एक से प्रतीक, प्रसंग और वृतांत आते हैं मानो कि ये समस्त प्रतीक, रूपक, प्रसंग और वृतांत किसी सार्वजनिक शब्दावली का हिस्सा हों, जिनसे मानव इतिहास के लम्बे दौर में अलग-अलग समय और अलग-अलग संस्कृतियों में लगभग एक सी कथाएँ रची गई हों। कैम्पबेल ने इस अध्ययन से निष्कर्ष निकाला कि मिथक एक तरह के संकेतक या सूचक होते हैं जो किन्हीं अतीन्द्रिय और लोकातीत सत्य की ओर इशारा करते हैं। वे मानवीय अनुभवों में संचित हुए सार्वभौमिक यथार्थ का प्रतीक होते हैं। वे पौराणिक गाथाओं, नीति और जातक कथाओं, धार्मिक संस्कारों और अनुष्ठानों के ज़रिये

मानवीय अनुभवों में संचित ज्ञान को संकेतों और प्रतीकों के माध्यम से व्यक्त करते हैं। इन्हीं कथाओं और संस्कारों के माध्यम से पीढ़ी दर पीढ़ी वे नई पीढ़ियों को शिक्षित और मार्गदर्शित करते हैं।

'द हीरो विद ए थाउजेंड फेसेस' पुस्तक में कैम्पबेल बुद्ध, यीशु और मूसा की जीवनियों का उदाहरण देते हुए लिखते हैं कि, चाहें ऐतिहासिक और सांस्कृतिक परिदृश्य जो भी रहे हों हर मिथक में नायक की जीवन यात्रा एक सी होती है। हर नायक की यात्रा प्रयाण से आरंभ होकर सिद्धि में अंत होती है। इस यात्रा में उन्हें एक सी ही परीक्षाओं से गुज़रना होता है, एक सी ही चुनैतियों का सामना करना होता है, एक जैसी हताशाएँ और शंकाएँ मन में आती हैं, उनका एक जैसे ही मार्गदर्शकों से परिचय होता है, और अंत में वे अपना उद्देश्य पूर्ण कर परिमार्जित और सिद्ध होकर लौटते हैं। ये मिथक अलग-अलग समय में अलग-अलग संस्कृतियों की जीवन शैली के अनुरूप आदर्श जीवन के उदाहरण प्रस्तुत करते हैं। इन मायनों में मिथक हमारी सांसारिक और आध्यात्मिक संभावनाओं के सूत्र होते हैं। विश्व प्रसिद्ध मनोवैज्ञानिक कार्ल युंग ने मिथकों के नायकों के चरित्र को 'आदर्श प्रतिमान' कहा है। युंग के अनुसार, हर मनुष्य अपने अचेतन मन में अपने नायक, अपने मार्गदर्शक और जीवन की चुनौतियों और आदर्शों की एक सी छवि लिए पैदा होता है। इसीलिए अलग-अलग संस्कृतियों और अलग-अलग भाषाओं के लोगों की कहानियाँ एक सी होती हैं। युंग इन छवियों को विश्व के सामूहिक अचेतन के मूलभूत अंग या बिल्डिंग ब्लॉक कहते हैं जिनसे कि यह सामूहिक अचेतन बना होता है।

'स्टार वार्स' फिल्मों के निर्देशक जॉर्ज लुकास ने कैम्पबेल की बताई 'नायक की यात्रा' के बिल्डिंग ब्लॉक्स को ही अपनी

फिल्मों में इस्तेमाल किया है। 'द मैट्रिक्स' फिल्म में भी लगभग इन्हीं बिल्डिंग ब्लॉक्स का प्रयोग हुआ है। इन फिल्मों के अलावा भी हॉलीवुड की कई अन्य एडवेंचर फिल्मों की कहानियाँ इन्हीं बिल्डिंग ब्लॉक को लेकर रची गई हैं। मगर कैम्पबेल के अनुसार हॉलीवुड फिल्मों के कई लेखक भी अक्सर वही गलतियाँ कर बैठते हैं जो मिथकों में विश्वास रखने वाले लोग करते हैं। यानी कि वे मिथकों में प्रयोग हुए प्रतीकों को वस्तुतः सच मान बैठते हैं। उनके शाब्दिक अर्थों को सच समझते हुए वे उस सत्य को नहीं समझ पाते जिनके कि वे प्रतीक होते हैं।

कैम्पबेल का कहना है कि आज के आधुनिक युग में वैज्ञानिक सोच के चलते जिस तरह हर चीज़ को वस्तुतः उसी तरह समझा और जाना जाता है जैसे कि वह है, मिथकों के अभिप्राय बदल गए हैं। अब मूलरूप से दो ही तरह के लोग रह गए हैं, एक वो धर्मांध या रूढ़िवादी लोग जो मिथकों के शाब्दिक अर्थ को ही सच मानते हैं, और दूसरे वे नास्तिक जो मिथकों को पूर्णतः असत्य मानकर उनका उपहास करते हैं। ऐसे में हमारी नई वैज्ञानिक सोच की पीढ़ी के सामने जीवन आदर्श रखने और उनका मार्गदर्शन करने वाले मिथक नहीं रह गए हैं।

कैम्पबेल का यह भी कहना है कि जिस रफ़्तार से आज का आधुनिक समाज बदल रहा है और जिस गति से हमारी सोच में परिवर्तन आ रहा है, ये सदियों पुराने मिथक अब वैसे भी अप्रासंगिक हो चुके हैं। आज की पीढ़ी को अपने समय के अनुसार नए मिथक गढ़ने की आवश्यकता है जो आने वाली पीढ़ियों के लिए नए और आधुनिक जीवन आदर्श स्थापित कर सकें। इन नए

मिथकों को गढ़ने में कलाकारों और साहित्यकारों की अहम भूमिका है।

ये तो हुई मिथकों की सांस्कृतिक और आध्यात्मिक महत्ता की बातें। मगर क्या मिथकों के ऐतहासिक और वैज्ञानिक महत्त्व भी हैं? क्या मिथक वास्तविक इतिहास भी बताते हैं जिन्हें वैज्ञानिक रूप से प्रमाणित किया जा सके? किस्सा फिजी के द्वीप ओनो का है। इस द्वीप पर स्थित ज्वालामुखी नैबुकलेवु से जुड़ा एक रोचक मिथक है। ओनो द्वीप के प्रमुख तनोवो को शाम की सैर का बेहद शौक था। हर शाम वे समुद्र तट पर टहलने निकलते और समुद्र पार दूर क्षितिज पर फैलती सूर्यास्त की छटा का आनंद लेते। एक दिन तनोवो के चिरशत्रु और नैबुकलेवु ज्वालामुखी के स्वामी ने पर्वत को समुद्र तट पर स्थापित करके सूर्यास्त के दृश्य को ब्लॉक कर डाला। इस कृत्य से क्षुब्ध तनोवो ने द्वीप को नैबुकलेवु पर्वत से अलग करना शुरू कर दिया। ज्वालामुखी के स्वामी ने तनोवो से युद्ध किया और तनोवो द्वीप को पर्वत से अलग करके ले उड़े और और इस उड़ान में उन्होंने द्वीप के कुछ हिस्से आसपास के द्वीपों पर गिरा दिए।

जब ओनो द्वीप पर काम कर रहे भूवैज्ञानिक पैट्रिक नन ने यह किवदंती सुनी तो उन्होंने अंदाज़ लगाया कि किवदंती ज्वालामुखी के फूटने पर ओनो द्वीप की कुछ चट्टानों के उड़कर आसपास के द्वीपों पर जा गिरने की कहानी कह रही है। मगर साथ ही उन्हें आश्चर्य भी हुआ कि आखिर यह किवदंती बनी कैसे? क्या उस द्वीप के निवासियों ने कभी ज्वालामुखी को फूटते देखा भी होगा? क्योंकि उनके वैज्ञानिक अध्ययन के अनुसार इस ज्वालामुखी में पिछले 50,000 सालों से कोई विस्फोट नहीं हुआ

था, जबकि इस द्वीप में मानव आबादी का इतिहास सिर्फ 2,000 साल पुराना ही है। पैट्रिक इस गुत्थी को सुलझाने के कई प्रयास करते रहे मगर उन्हें कोई हल नहीं मिला। किंतु दो साल बाद ही ज्वालामुखी के पास सड़क बनाते समय कामगीरों ने खुदाई में ज्वालामुखी की राख में दबे मिट्टी के बर्तन पाए। जब पैट्रिक नन को इस बात का पता चला तो उन्हें विश्वास हुआ कि इस द्वीप पर मानव सभ्यता के पिछले 2000 साल के इतिहास में ज्वालामुखी का विस्फोट हुआ है। पिछले 2000 वर्षों में इस द्वीप के निवासियों ने ज्वालामुखी का रौद्र रूप देखा हुआ है। पैट्रिक को मानना पड़ा कि सांस्कृतिक स्मृति सही थी, वैज्ञानिक अध्ययन त्रुटिपूर्ण था। इस सत्य को स्वीकारते हुए पैट्रिक नन कहते हैं, "भूविज्ञान के क्षेत्र में तीस साल काम करने के बाद मैं इस निष्कर्ष पर पहुँचा हूँ कि मिथकों का विश्लेषण वैज्ञानिक तौर पर भी बहुत महत्वपूर्ण है। यह वैज्ञानिक सिद्धांतों और सांस्कृतिक और धार्मिक विश्वासों के बीच की दूरी को पाट सकता है।"

Printed in the USA
CPSIA information can be obtained
at www.ICGtesting.com
LVHW042127230524
780935LV00003B/128

9 789390 539550